ZUVERSICHT MAMA!

Mit Gottes Hilfe erziehen

ZUVERSICHT MAMA!

Mit Gottes Hilfe erziehen

Joyce Meyer

Titel der Originalausgabe: The Confident Mom
Originalverlag: FaithWords Hachette Book Group, New York, U. S. A.

Joyce Meyer Ministries GmbH
Postfach 76 10 01
22060 Hamburg
www.joyce-meyer.de
Tel. +49 (0) 40/88 88 4 11 11

ISBN 978-3-939627-43-2

Bestellungen bitte an die oben stehende Adresse richten.

1. Auflage, Oktober 2014

Alle Bibelzitate wurden, wenn nicht anderweitig gekennzeichnet, folgender Bibelausgabe entnommen: *Revidierte Elberfelder Bibel (Rev. 26)* © 1985/1991/2008 SCM R.Brockhaus im SCM-Verlag GmbH & Co. KG, Witten.

Sonstige verwendete Bibelausgaben:
SLT: *Schlachterbibel* © 2000 Genfer Bibelgesellschaft. Wiedergegeben mit freundlicher Genehmigung. Alle Rechte vorbehalten.
NLB: *Neues Leben. Die Bibel* © 2002 und 2006 SCM R.Brockhaus im SCM-Verlag GmbH & Co. KG, Witten.
NGÜ: *Neue Genfer Übersetzung* © 2011 Genfer Bibelgesellschaft. Wiedergegeben mit freundlicher Genehmigung. Alle Rechte vorbehalten.
Hfa: *Hoffnung für alle* © 1983, 1996, 2002 by Biblica Inc.™
Einige Bibelstellen enthalten Texte in eckigen Klammern. Hier handelt es sich um direkt übersetzte Passagen aus der im englischen Original verwendeten Amplified Bible. *The Amplified® Bible* © 1954, 1962, 1965, 1987 by The Lockman Foundation.

Übersetzung: Dorothea Appel
Satz: Satz & Medien Wieser, Stolberg
Druck und Verarbeitung: CPI – Ebner & Spiegel, Ulm

Inhalt

Einleitung

»Zuversicht ist das erhebende Gefühl, das man hat, bevor man eine Situation richtig versteht.« Mit dieser Bemerkung eröffnete mein Freund John Maxwell vor einigen Jahren seine Ansprache bei unserer jährlichen Frauenkonferenz. Er löste damit lebhafte Reaktionen aus. Natürlich machte John einen Witz, doch ich glaube, jede Mutter unter den Zuhörerinnen konnte sich mit seiner Aussage identifizieren. Wir Mütter haben es durchlebt. Die meisten von uns wissen noch allzu gut, mit welch naiver Sicherheit wir dem Elterndasein entgegensahen. Wir erinnern uns an die idyllischen Träume, die wir einst über süße kleine Babys hatten – bevor sie geboren wurden.

Wir erinnern uns auch, wie uns dann die Realität überrollte. Kleine Wonneproppen wurden zu zahnenden und brüllenden Babys, die sich jedes Mal, wenn wir uns gut angezogen hatten, um aus dem Haus zu gehen, auf uns erbrachen. Sie bekamen Wutanfälle und versuchten aus dem Hundenapf zu trinken. Es dauerte nicht lange und wir fühlten uns gar nicht mehr sicher in unserer neuen Rolle, sondern fragten uns, ob wir dieser Aufgabe wirklich gewachsen waren. Wir merkten, dass wir Mängel hatten, sahen bald nur noch, wo wir versagten, und fühlten uns unzulänglich.

Ich bin sicher, Sie wissen, wovon ich spreche. Jede Mutter (egal wie bewundernswert kompetent sie wirkt) verliert dann und wann ihr Selbstvertrauen. Gott sei Dank lässt sich das aber wieder neu gewinnen. Tatsächlich können wir als Mütter in jeder Phase unseres Lebens verlorene Zuversicht zurückgewinnen – nicht diese falsche und flüchtige Zuversicht, über die mein Freund John sprach, sondern die eigentliche, richtige. Die Zuversicht, die uns mit Gewissheit nach vorn sehen lässt, auch wenn Dinge schieflaufen, die uns aufblicken lässt trotz unserer Fehler. Die Art von Zuversicht, mit der wir über unsere Unvollkommenheit lachen und die uns eine positive Einstellung zu uns selbst und unseren Fähigkeiten gibt, sodass wir uns keine Sorgen über das machen, was wir *nicht* können.

Ich bin überzeugt, dass sich gerade in diesem Moment christliche Mütter auf der ganzen Welt nach solch einer Zuversicht sehnen. Gott hat uns nicht geschaffen, damit wir unsere Kinder unter einer Wolke der Unsicherheit aufziehen. Unsicherheit zehrt an unserem Glauben. Sie beraubt uns unserer Freude. Sie betrügt uns um die Beherztheit, die wir brauchen, um das, wozu Gott uns berufen hat, wirklich gut zu machen.

Sogar Sportprofis wissen um diese Wahrheit. Ein ehemaliger Basketballstar erklärte vor Kurzem, warum manche Gegner durchschnittlich bleiben, während andere herausragende Leistungen bringen. Er sagte: »Der Unterschied zwischen einem guten und einem überragenden Spieler besteht in uneingeschränktem Selbstvertrauen. Man darf sein Selbstvertrauen nicht verlieren!« Er sprach dabei zwar vom Sport, aber dasselbe ließe sich auch über das Muttersein sagen – mit einem wichtigen Unterschied: Was eine großartige Mutter einer guten voraushat, ist ihr überragendes Zutrauen in ihren großen Gott.

Der Apostel Paulus drückt es so aus: *Denn wir … die wir im Geist Gottes dienen und uns in Christus Jesus rühmen und nicht auf Fleisch vertrauen …* (Philipper 3,3).

Ich liebe diesen Vers, Sie nicht auch? Ich mag die Vorstellung, dass ich alle Aufmerksamkeit von meinen eigenen, natürlichen Fehlern und meiner Unfähigkeit abwenden und mein ganzes Vertrauen auf Jesus setzen kann! Wenn ich so lebe, genieße ich mein Leben viel mehr. Ich bekomme auch Größeres bewältigt. Ich habe herausgefunden, dass wir Erstaunliches zustande bringen, wenn wir nicht mehr darum ringen, den unmöglich scheinenden Anforderungen des Lebens in unserer eigenen Kraft zu begegnen, und uns einfach auf die Macht und die Verheißungen Gottes verlassen – denn mit Gott ist nichts unmöglich.

Deshalb fällt mir meine Arbeit nicht schwer. Früher war das anders, früher habe ich es mir selbst schwer gemacht. Der

Dienst für Gott wurde kompliziert, weil ich mich zur Perfektion antrieb und mich für jeden Fehler verurteilte. Ich machte mir Gedanken, wie ich anderen Menschen gefallen könnte, und versuchte sie bis zur Erschöpfung zu beeindrucken. Viel hat sich seitdem geändert. Heute bin ich einfach von Gott abhängig und stehe jeden Tag mit der festen Absicht auf, in Jesus eine gute Zeit zu haben. Deshalb fällt mir das Dienen jetzt leicht. Es ist das, was ich tue, und Jesus hilft mir die ganze Zeit dabei.

Ein geistlicher Dienst und das Muttersein sind zwar verschiedene Dinge, aber sie haben eins gemeinsam: Beides sind göttliche Berufungen. Wenn Gott Sie beruft, etwas zu tun, dann gibt er Ihnen auch die Gnade, den Glauben und die Salbung (die Kraft des Heiligen Geistes), es zu tun. Mehr noch: Er begleitet Sie auf jedem Schritt des Weges. In diesem Buch geht es um nichts anderes, als Ihnen zu mehr Klarheit in Bezug auf diese Realität zu verhelfen.

Sie werden auf den folgenden Seiten nicht jede Menge Anweisungen finden, wie Sie alles richtig machen können. Dafür bin ich nicht da. Meine Aufgabe ist es, Sie mit Wahrheiten aus dem Wort Gottes zu ermutigen und zu inspirieren. Wahrheiten, die Ihnen helfen werden, die zuversichtliche Mutter zu sein, zu der Sie geschaffen sind. Durch die Gnade Gottes möchte ich Ihnen helfen, die Gefühle von Schuld, Verurteilung und Angst loszuwerden, die Sie davon abhalten, die einzigartigen Freuden Ihrer Berufung vollständig zu genießen.

Allerdings möchte ich Sie im Voraus warnen: Der Teufel wird Sie in dieser Angelegenheit bekämpfen. Er hasst die Vorstellung einer zuversichtlichen Mutter. Er hasst sie, seit Gott ihn im Garten Eden darüber in Kenntnis setzte, dass der Nachfahre einer Frau seinen Kopf zertreten werde (siehe 1. Mose 3,15). Deshalb arbeitet er schon seit Tausenden von Jahren daran, Frauen in Unterdrückung zu halten. Er hasst nicht nur, was wir verkörpern, er versteht auch den machtvollen Einfluss, den wir Mütter auf zukünftige Generationen ausüben. Er weiß um die Wahrheit in dem alten Sprichwort: »Die Hand an der

Wiege ist die Hand, die die Welt regiert.« Deshalb ist er entschlossen zu tun, was er tun kann, damit wir zumindest zitternde Hände haben.

Aber wir müssen ihm das nicht durchgehen lassen. Das beweist das Wort Gottes – von Anfang bis Ende. Es zeigt uns jede Menge Beispiele von Müttern, die Gott vertrauten, ihr Leben mutig führten und die Strategien des Teufels überwanden. (Mit einigen dieser Mütter werden wir uns in diesem Buch befassen.) Und das Beste ist: Gottes Wort erzählt die Geschichte der jungen Frau Maria, die den Erlöser geboren hat. Weil sie ganz schlicht an Gottes Verheißung glaubte, brachte sie den Sohn zur Welt, der den Teufel ein für alle Mal vom Thron gestoßen hat und die Erlösung für die gesamte Menschheit erwirkte. Seitdem besiegen christliche Mütter bis heute den Teufel. Sie haben herausgefunden, wer sie in Christus sind. Sie verlassen sich im Glauben auf das Wort Gottes und lehren ihre Kinder, es ebenso zu tun.

Was die verschiedenen Bereiche des Lebens angeht, unterscheiden sich Mütter teilweise sehr voneinander. Manche sind Multitalente im Haushalt, die begeistert kochen, backen, Vorhänge nähen und ihr Haus schön einrichten. Andere sind als Geschäftsfrauen eingespannt; sie können gleichzeitig ein Finanzgeschäft zum Abschluss bringen und bei einer Physikhausaufgabe helfen. Manche haben Ehemänner, die sie unterstützen und ihnen zur Seite stehen, andere machen alles allein. Manchen steht viel Geld für ihre Kinder zur Verfügung; andere kommen kaum über die Runden.

Heute gibt es, genau wie zu biblischen Zeiten, kein Stereotyp einer christlichen Mutter. Siegreiche, zuversichtliche Mütter gibt es in allen möglichen Variationen und Persönlichkeiten. Man braucht nur einmal zu lesen, wie erfolgreiche Persönlichkeiten ihre jeweiligen Mütter beschreiben, um zu erkennen, wie bemerkenswert unterschiedlich sie sein können:

- Abraham Lincoln sprach von seiner Mutter als von einem »Engel«.

- Andrew Jackson beschrieb seine Mutter als »mutig wie eine Löwin«.
- Die Dichterin Maya Angelou verglich die ihre mit »einem Wirbelsturm in seiner vollkommenen Stärke«.
- Stevie Wonder nannte seine Mutter eine »süße Blume der Liebe«.

Diese Aussagen machen deutlich: Man braucht keine bestimmte Art von Persönlichkeit zu haben, um eine großartige Mutter zu sein. Sie müssen nicht in ein bestimmtes Raster passen, um Kinder aufzuziehen, die am Ende buchstäblich die Welt verändern. Das ist für uns alle eine gute Nachricht, denn wir sind einzigartig. Aber hier ist eine noch bessere Nachricht: Sie brauchen auch nicht perfekt zu sein. Alles, was Sie tun müssen, ist, immer weiter in Ihrer Beziehung zu Gott zu wachsen und großes Vertrauen in ihn zu entwickeln.

Durch seine Gnade ist das jedem von uns möglich!

KAPITEL 1

Haben wir schon Spaß?

Allein die Tatsache, dass die Ermunterung *Zuversicht, Mama!* und der Name *Joyce Meyer* auf ein und demselben Buchcover stehen, beweist zwei Dinge über Gott. Erstens: Er kann ohne Frage Wunder wirken. Zweitens: Er hat viel Sinn für Humor.

Als ich diese Reise namens Muttersein antrat, hatte ich keinen Funken Zuversicht in mir, sondern war wie gelähmt vor Angst. Ich fühlte mich unvorbereitet, unsicher und ungenügend – und das aus gutem Grund!

Als ich mein erstes Kind bekam und die Wehen einsetzten, wusste ich nicht einmal, was da genau vor sich ging. Mein Mann hatte mich zu einem frühen Zeitpunkt in der Schwangerschaft wegen einer anderen Frau verlassen. Da ich kein Geld für einen niedergelassenen Arzt hatte, war ich zur Geburtsvorbereitung in ein Krankenhaus gegangen. Dort sah ich jedes Mal einen anderen Arzt (ich glaube, es waren alles Praktikanten) und so kam es, dass mir irgendwie das Grundwissen fehlte, das junge Mütter brauchen.

Nach der Geburt hatte ich bestimmt ein halbes Jahr lang Angst, David zu verletzen – ich musste all meinen Mut zusammennehmen, um ihn auch nur zu baden. Ich hatte keine Ahnung, wie heiß das Badewasser sein sollte oder wie fest ich ihn abrubbeln konnte, ohne ihm wehzutun.

Wenn Sie meine Geschichte kennen, wissen Sie, dass ich damals eine Menge weiterer Probleme hatte. Ich litt immer noch unter den Auswirkungen des jahrelangen sexuellen Missbrauchs während meiner Jugendzeit. Ich war unglücklich und hatte überhaupt keinen Frieden. Ich fühlte mich entmutigt und hoffnungslos. Weil ich nicht schlafen konnte, nahm ich frei verkäufliche Schlafmittel. Mangelnder Appetit führte dazu, dass ich während der gesamten Schwangerschaft nur etwa ein halbes Pfund zunahm. Die körperliche Belastung (zusätzlich zu dem emotionalen Druck, unter dem ich stand) machte mich sehr krank.

Obendrein war ich pleite. Noch weit in die Schwangerschaft hinein hatte ich meinen Job ausgeübt, aber als ich schließlich aufhören musste, war es mir unmöglich, die Miete für mein kleines Apartment zu bezahlen. Dieses lag im dritten Stock über einer Garage und war in der Sommerhitze von rund 38 Grad ohne Klimaanlage und Ventilator der reinste Backofen. Wegen des missbräuchlichen Verhaltens meines Vaters wollte ich nicht wieder zu meinen Eltern zurückkehren. Also ließ ich mich auf das Angebot meiner mitleidigen Friseurin ein, zu ihr zu ziehen.

Es kam jedoch noch schlimmer: Als mein treuloser Ehemann nach der Geburt im Krankenhaus erschien, um seine Ansprüche auf das Baby anzumelden und mich bat, ihn wieder aufzunehmen, sagte ich auch dazu Ja. Zwar war er mit dem Gesetz in Konflikt geraten und hatte selbst keine Wohnung – dennoch willigte ich ein, mit ihm zusammen in das Haus seiner Schwester zu ziehen, bis ich wieder arbeiten gehen könnte.

Manchmal sah es so aus, als hätte es überhaupt nichts Gutes in meinem Leben gegeben. Aber das stimmt nicht. Es gab eine Sache und die war wichtig: Im Alter von neun Jahren hatte ich Jesus gebeten, mein Retter zu sein. Er kam in mein Herz und hat mich nie alleingelassen – obwohl ich durch Zeiten ging, in denen ich mich von Menschen abgelehnt und verlassen fühlte.

Was er in meinem Leben und im Leben meiner Kinder in den vielen Jahren seit meinen ersten furchtbaren Tagen als Mutter bewirkt hat, kommt einem Wunder gleich. Natürlich wissen diejenigen von Ihnen, die mit meiner Geschichte vertraut sind, dass der Herr Dave in mein Leben gebracht hat. Er ist ein großartiger und liebevoller Ehemann. Mittlerweile sind unsere vier Kinder erwachsen und helfen auf die eine oder andere Weise in unserem Dienst mit. Sie sind alle talentiert und wunderbar. Sie lieben den Herrn. Sie sind nicht nur für mich ein Segen, sondern auch für viele andere Menschen. Jeder von ihnen ist viel klüger, als ich es in ihrem Alter war. Sie alle haben jetzt eigene Kinder und erweisen sich als großartige Eltern.

Ich bin total begeistert, wie sich meine Kinder (und Enkelkinder!) gemacht haben. Durch die Gnade Gottes habe ich also wirklich ein Zeugnis weiterzugeben. Aber dennoch muss ich lachen, wenn ich daran denke, dass der Herr mich aufgefordert hat, dieses Buch zu schreiben. Schließlich musste ich einen langen Weg zurücklegen, bis ich mich als Mutter zuversichtlich fühlte.

Ich bin alles andere als eine »traditionelle« Mutter und auf meinem Weg habe ich jede Menge Fehler gemacht. Deshalb sage ich voller Überzeugung: Wenn Gott mir helfen kann, eine gute Mutter zu sein, kann er dasselbe auch für Sie tun. Ich bin sicher, dass er diese verwirrende, beängstigende Reise namens Mutterschaft zu Ihrem größten Erfolg werden lassen kann. Und was noch besser ist: Er wird Ihnen beibringen, sich auf jedem Schritt des Weges zu freuen.

Anleitungen nicht beigefügt

Ich persönlich lege viel Wert darauf, froh zu sein. Ich habe so viele Jahre damit verbracht, mich schrecklich zu fühlen, dass ich jetzt entschlossen bin, mein Leben zu genießen. Ich entschuldige mich auch nicht dafür, denn ich glaube, dass es Gott ebenso wichtig ist wie mir.

Warum sonst sollten so viele solcher und ähnlicher Verse in der Bibel stehen?

> *… Ich bin gekommen, damit sie Leben haben und es im Überfluss haben.*
>
> Johannes 10,10

Das Reich Gottes ist … Gerechtigkeit und Friede und Freude im Heiligen Geist.

Römer 14,17

Und dies schreiben wir, damit unsere [eure] Freude vollkommen sei.

1. Johannes 1,4

Ganz eindeutig möchte Gott, dass wir als Christen das Leben genießen: Jesus starb ja, um uns das zu ermöglichen. Und ich glaube, es ist sein Wille, dass jede Mutter wie in Psalm 113,9 als *eine fröhliche Mutter* bezeichnet werden kann.

Wenn wir aber ganz ehrlich sind, müssen wir zugeben, dass wir diese Freude oft nicht erleben. Obwohl wir unsere Kinder lieben und in der Theorie zustimmen, dass Elternsein zu den größten Freuden des Lebens gehört, liegt diese Freude häufig unter einer schweren Last von Arbeit, Sorge und Frustration begraben. Wenn jemand fragt: »Haben wir noch Spaß?«, lautet die Antwort allzu oft *Nein*.

Es sind nicht nur die alltäglichen Anforderungen an Mütter (so endlos und erschöpfend sie auch manchmal wirken), die uns unsere Freude rauben, sondern das Gefühl der Verantwortung, das wir für unsere Familien haben. Wir sind uns bewusst, wie sehr unsere Kinder von uns abhängig sind. Wir haben oft Angst, dass wir ihnen in irgendeiner Hinsicht nicht gerecht werden – dass wir nicht wirklich wissen, was wir tun. Dass wir nicht haben, was nötig ist, um so zu sein, wie sie uns brauchen.

Auch wenn wir nicht unbedingt darüber sprechen, sind unsere mütterlichen Sorgen dennoch präsent. Einer Umfrage zufolge, die vor einigen Jahren durchgeführt wurde, sind die meisten Eltern ihre eigenen schärfsten Kritiker.[1] Häufig werden sie von Versagensgefühlen geplagt:

- Sie sorgen sich, dass sie zu viele Fehler machen.

1 Joyce Meyer: *Shaping the Lives of Your Children* (CD-Set)

- Sie haben Angst, dass sie mit den Problemen ihrer Kinder nicht angemessen umgehen können.
- Sie haben das Gefühl, nicht das Vorbild für ihre Kinder zu sein, das sie sein sollten.
- Sie bedauern einige der Entscheidungen, die sie als Eltern getroffen haben, und meinen, es wäre zu spät, umzukehren und die Dinge wieder in Ordnung zu bringen.
- Sie zweifeln an ihrer Fähigkeit, Zugang zu ihren Kindern zu finden und die Probleme, mit denen diese in der heutigen Welt konfrontiert werden, nachvollziehen zu können.

Ich kann das verstehen. Auch ich habe mir jahrelang über solche Dinge Sorgen gemacht. Jedes einzelne meiner Kinder ist völlig anders als die anderen. Jede Stufe ihrer Entwicklung brachte solch unerwartete Herausforderungen, dass ich oft das Gefühl hatte, ich könnte sie nie begreifen. Oh, wie sehr hätte ich mir gewünscht, jedes Kind wäre wie ein Haushaltsgerät mit einer umfassenden Gebrauchsanleitung gekommen! Gott hätte uns Müttern das Leben so viel leichter machen können, wenn er jedem Baby eine Broschüre an den großen Zeh gebunden hätte, in der stünde: *Für ein optimales Ergebnis in der Kindheit gehen Sie folgendermaßen vor … Wenn Ihr Kind zwei Jahre alt ist, machen Sie dieses … Während der Pubertät tun Sie jenes …*

Aber natürlich hat er entschieden, es nicht so zu machen – für mich nicht, für Sie nicht, für niemanden.

Warum?

Ich glaube, weil Gott einen besseren Plan hat. Er möchte, dass wir durch die tiefen, mysteriösen und manchmal stürmischen Gewässer der Mutterschaft steuern, genauso wie die Jünger durch die hohen Wellen auf dem See Genezareth steuerten (siehe Markus 4,35-41). Er möchte, dass wir uns nicht länger ängstigen, sondern auf ihn und sein Wort vertrauen. Wir dürfen glauben: Weil wir den Gott des Universums bei uns im Boot haben, können wir erfolgreich ans andere Ufer gelangen, egal wie heftig der Wind bläst und wie hoch die Wellen schlagen!

Nun sagen Sie vielleicht: »Aber, Joyce, ich fühle mich im Moment gar nicht so, als könnte ich es schaffen! Nach Sieg und Erfolg sieht das alles nicht aus! Meine Kleinen bekommen einen Trotzanfall nach dem anderen, meine größeren Kinder haben Schwierigkeiten in der Schule und meine Teenager rebellieren in einer Weise, wie ich es nie erwartet hätte. So wie es aussieht, läuft mein Elternschiff gerade voll Wasser und wird bald untergehen.«

Ich verstehe das. Ich war auch an diesem Punkt. Doch ich habe herausgefunden, dass es nur einen Weg gibt, in solchen Stürmen seetüchtig zu bleiben: Wenden Sie Ihre Augen von Ihren Gefühlen ab und richten Sie den Blick auf Jesus. Weil Sie zu ihm gehören, dürfen Sie glauben, dass Römer 8,37 für Sie gilt:

> *Aber in diesem allen sind wir mehr als Überwinder durch den, der uns geliebt hat.*

Was bedeutet es, *mehr als Überwinder* zu sein? Ich glaube, es bedeutet, im Voraus zu wissen, dass Gott uns ausrüstet, um jede Art von Schwierigkeit zu überwinden. Es bedeutet, sich mutig dem Leben zu stellen und zu sagen: »Mich kann nichts unterkriegen, denn der, der größer ist, lebt in mir. Er versorgt mich mit allem, was ich brauche, um das zu schaffen, wozu er mich berufen hat. Ich kann jede Schlacht gewinnen, weil mir in Jesus Christus alles zur Verfügung steht, was ich zum Sieg brauche. Weil ich in ihm bin, werde ich es schaffen!«

Sie haben das Zeug dazu

Es ist unmöglich, etwas zu genießen, wenn man Angst hat, darin zu versagen. Weiß man aber erst einmal tief im Herzen, dass man wirklich alles hat, was man braucht, kann das Muttersein viel mehr Spaß machen. Sie können es mit freudigem Vertrauen und in Ihrem eigenen Stil ausleben. Es ist eine Erfahrung von Freiheit und Freude, wenn Sie Ihren Kindern helfen, zu ihrer jeweils einzigartigen Persönlichkeit heranzureifen.

Stellen Sie sich das einmal vor. Überlegen Sie, wie schön es wäre, jeden Tag neu anzugehen – nicht mit gesenktem Kopf und hängenden Schultern, den Blick auf das eigene Versagen gerichtet –, sondern mit erhobenem Haupt (siehe Psalm 3,4). Stellen Sie sich vor, wie Sie sich dessen, was Gott in Ihr Innerstes gelegt hat, so sicher sind, dass Sie die Mutterrolle gern und voller Freude und Begeisterung annehmen. Das beginnt mit der Überzeugung, dass Gott Ihnen bereits alles gegeben hat, was Sie brauchen, um eine zuversichtliche, erfolgreiche Mutter zu sein.

»Ich weiß, dass Sie recht haben, Joyce«, sagen Sie vielleicht. »Aber ich fühle mich nicht besonders talentiert oder begabt für meine Aufgabe als Mutter. Manchmal bin ich eher der Meinung, ich hätte nicht viel zu bieten.« Wenn Sie so denken, dann möchte ich Sie mit einer alttestamentlichen Mutter ermutigen, die sich ebenso gefühlt hat – kurz bevor sie eines der größten Wunder aller Zeiten erlebte.

Die Bibel erwähnt sie zum ersten Mal in 1. Könige 17,9. Dort bezeichnet Gott sie als diejenige, die er erwählte, um den Propheten Elia während einer von Dürre ausgelösten Hungerperiode mit Essen zu versorgen. *Mache dich auf, geh nach Zarpat, das zu Sidon gehört, und bleib dort,* sagte Gott zu Elia. *Siehe, ich habe dort einer Witwe befohlen, dich zu versorgen.*

Aus menschlicher Sicht schien Gottes Plan ziemlich unvernünftig. Diese Witwe konnte es sich nicht einmal leisten, ihren eigenen Sohn zu ernähren – wie sollte sie dann noch den Propheten mit Essen versorgen? Als Elia vor ihrer Tür stand, hatte sie nichts und war zutiefst verzweifelt. Sie können sich also vorstellen, wie sie auf Elias Bitte um Brot reagierte.

> *Da sagte sie: So wahr der Herr, dein Gott, lebt, wenn ich einen Vorrat habe außer einer Handvoll Mehl im Topf und ein wenig Öl im Krug! Siehe, ich sammle eben ein paar Holzstücke auf,*

dann will ich hineingehen und es mir und meinem Sohn zubereiten, damit wir es essen und dann sterben.

1. Könige 17,12

Reden wir von einer Mutter, die meint, sie hätte nichts zu bieten? Diese Frau übertrifft uns alle! Trotzdem sah Gott etwas in ihr, was sie selbst nicht sehen konnte. Er sah sie als eine Quelle des Segens, die in seinen Händen niemals versiegen würde. Aus dem Grund ließ er Elia Folgendes zu ihr sagen:

Fürchte dich nicht! Geh hinein, tu nach deinem Wort! Doch zuerst bereite mir davon einen kleinen Kuchen zu und bring ihn mir heraus! Dir aber und deinem Sohn magst du danach etwas zubereiten.

Denn so spricht der Herr, der Gott Israels: Das Mehl im Topf soll nicht ausgehen und das Öl im Krug nicht abnehmen bis auf den Tag, an dem der Herr Regen geben wird auf den Erdboden.

Da ging sie hin und tat nach dem Wort Elias. Und sie aß, er und sie und ihr Haus, Tag für Tag.

Das Mehl im Topf ging nicht aus, und das Öl im Krug nahm nicht ab nach dem Wort des Herrn, das er durch Elia geredet hatte.

1. Könige 17,13-16

Das ist nicht nur eine wunderbare Bibelgeschichte, es ist die Geschichte jeder christlichen Mutter. Wir alle erkennen früher oder später, dass wir selbst nicht genug haben, um alle Bedürfnisse unserer Kinder zu befriedigen. In einer Welt voller Gefahren können wir ihren Schutz nicht garantieren. In einer Welt, die durchdrungen ist von geistlicher Finsternis, können wir sie nicht immer im Licht halten. In einer Welt voller Fragen haben wir nicht alle Antworten.

In unserer eigenen Kraft sind wir wie die Witwe aus 1. Könige 17 – unsere Vorratskammer ist erbärmlich leer.

Dennoch brauchen wir uns keine Sorgen zu machen! Gott hat versprochen, für uns dasselbe zu tun, was er vor vielen Jahren dort in Zarpat tat. Wenn wir einen Glaubensschritt unternehmen und ihm geben, was wir haben, dann wird er aus unserem Leben ein fortwährendes Wunder machen. Er wird einen nie versiegenden Vorrat seiner Liebe, seiner Kraft und seiner Gnade durch uns ausgießen. Er wird dafür sorgen, dass genug da ist, nicht nur für uns und unsere Kinder, sondern auch noch für andere.

Geben Sie also nicht auf, sondern freuen Sie sich! Statt sich auf Ihre eigenen Schwächen und persönlichen Mängel zu konzentrieren, feiern Sie die Stärke dessen, der in Ihnen lebt. Jedes Mal wenn der Teufel Ihre Zuversicht auszuhungern oder Ihr Familienschiff zu versenken droht, erinnern Sie sich, dass …

- Gott selbst gesagt hat: *Ich will dich nicht aufgeben und dich nicht verlassen* (Hebräer 13,5).
- *Gott … uns allezeit im Triumphzug umherführt in Christus* (2. Korinther 2,14).
- … *der Gott und Vater unseres Herrn Jesus Christus* uns gesegnet *hat mit jeder geistlichen Segnung in der Himmelswelt* (Epheser 1,3).

Wenn Sie Ihr Vertrauen auf Gott setzen und über derartige Verse nachdenken, werden Sie die einzigartigen Herausforderungen der Mutterschaft mit ganz neuer Beherztheit und Freude annehmen können. Sie werden leben, als wären Sie dafür geboren, und es jede Minute lieben.

Ohne Zögern werden Sie sagen können: »Ja! Jetzt haben wir wirklich Spaß!«

KAPITEL 2

Perfekte Frauen brauchen sich nicht zu bewerben

Ich wäre gern die ideale Mutter … aber ich bin zu sehr damit beschäftigt, meine Kinder aufzuziehen.
Unbekannt

In der Realität gibt es sie nicht. Aber irgendwo in den Tiefen der Fantasie fast jeder Mutter ist sie quicklebendig und wohlauf – und verursacht große Probleme.

Ihr Haus sieht stets makellos aus. Diese Frau hat keine Krimskramsschubladen. Alles ist geordnet und in schönen, eindeutig beschrifteten Behältern verstaut. Ihr (Bio-)Gemüsegarten ist ein Wunder der Landwirtschaft. Sie näht wie ein Schneider, ist geschäftstüchtig wie ein Firmenchef, kocht Suppen für Obdachlose und stemmt täglich Gewichte im Fitnesscenter. All das absolviert sie unfehlbar geduldig, freundlich und immer mit einem Lächeln auf den Lippen.

Manch einer hält sie für die Frau aus Sprüche 31. Aber das ist sie nicht. Die Frau aus Sprüche 31 wurde uns zur Inspiration gegeben. Sie gibt uns Ziele, die wir im Glauben und in Abhängigkeit von Gott erreichen sollen. Jene Frau aber, der wir es gleichtun wollen, ist eine aus unserer eigenen Unsicherheit heraus erschaffene Fälschung. Sie sorgt dafür, dass wir uns minderwertig und ungenügend fühlen. Sie ist das Luftschlossbild einer perfekten Mutter, die uns wie Versager dastehen lässt, egal wie viel Mühe wir uns auch geben.

Sie ist der Grund, weshalb Perfektionismus in einer Umfrage unter mehr als 500 Müttern als die Hauptursache dafür genannt wurde, dass sich Mütter nicht über die alltäglichen Momente ihres Lebens freuen.

In diesem Kapitel geht es allein darum, diesen Wunschtraum von einer makellosen Frau loszuwerden, denn sie hat Müttern schon viel zu lange zugesetzt. Sie hat uns zu viele Schwierigkeiten bereitet und zu viel Freude gekostet. Kein Zweifel: Wir müssen sie loswerden und sie durch jemanden ersetzen, der besser der Heiligen Schrift entspricht.

Stellt sich die Frage: Wen suchen wir uns da aus?

Wie gesagt, die Frau aus Sprüche 31 würde sich offensichtlich eignen. Aber es gibt andere in der Bibel, die wir auch auswählen könnten. Frauen wie die, die im ersten Kapitel des Matthäusevangeliums vorkommen, in dem Abschnitt, der üblicherweise mit *Stammbaum Jesu* überschrieben wird (siehe Matthäus 1,1-16).

Im Allgemeinen sind Geschlechtsregister nicht für ihren inspirierenden Inhalt bekannt. Aber wenn es darum geht, uns erstklassige Beispiele für die Mutterrolle zu liefern, sind sie eine Goldader Gottes. Sie zeigen genau, welche Art von Müttern unser allwissender, vollkommen weiser Gott als Vorfahren Jesu haben wollte.

Dieser Stammbaum zeigt uns ein Bild von der Art von Mutter, durch die Gott wirklich Wunder wirken kann – und es ist ein Bild, das nicht im Entferntesten »ideal« aussieht.

Nehmen wir beispielsweise Sara. Als Abrahams Frau wird sie (zwar nicht namentlich, es ist aber zu folgern) in Matthäus 1,2 erwähnt. Doch sie war alles andere als perfekt. Tatsächlich machte sie erschreckend viele Fehler. Wenn Sie ihre Geschichte gelesen haben, erinnern Sie sich vermutlich an einige dieser Fehler.

- Sie wurde ungeduldig mit Gottes Plan und tüftelte ihren eigenen aus, um den Sohn hervorzubringen, den Gott verheißen hatte: Sie arrangierte eine Affäre zwischen ihrem Mann und ihrer Magd.
- Sie wurde eifersüchtig auf den Sohn der Magd und forderte, beide in die Wüste zu schicken, ungeachtet der Proteste ihres Mannes.

- Als Gott wieder auftauchte – persönlich! –, um seine Verheißung von Neuem zu bestätigen, lachte sie ihn in ihrem Unglauben buchstäblich aus.

Sara wirkt nicht unbedingt wie die Kandidatin für den ersten Platz als »Christliche Mutter des Jahres«, nicht wahr? Dennoch wählte Gott sie aus und sagte: »Dies ist eine Frau, mit der ich arbeiten kann!« Natürlich zeigte es sich, dass er recht hatte. Sara glaubte ihm schließlich, empfing Isaak und landete unter den Glaubenshelden, die in Hebräer 11 erwähnt werden.

Dann haben wir da noch Rahab. In Matthäus 1,5 als eine weitere Vorfahrin Jesu erwähnt, taucht sie in der Bibel zum ersten Mal als Prostituierte auf, die in der üblen Stadt Jericho lebte. Weder ein jüdischer Stammbaum noch Leistungen in ihrer Vergangenheit sprachen für Rahab. Dennoch wählte Gott sie aus. »Dies ist eine Frau, mit der ich arbeiten kann!«, sagte er und später fand auch sie einen Platz unter den Glaubenshelden.

Nicht zu vergessen: Batseba. Batseba spielte eine Hauptrolle in einem der größten Skandale in der Bibel. Ehebruch machte sie zu König Davids Frau, nachdem sie von ihm mit einem außerehelichen Kind schwanger wurde. Aber statt Batseba abzulehnen, weil sie zu befleckt war, um gebraucht zu werden, sah Gott sie an und sagte: »Dies ist eine Frau, mit der ich arbeiten kann!« Batseba reifte zu solch einer glaubensvollen, tüchtigen Frau heran, dass sie nach Meinung einiger Gelehrter das Vorbild für die Frau wurde, über die Salomo in Sprüche 31 schrieb.

Gott ist nicht überrascht

Ich glaube, Mütter wie Sara, Rahab und Batseba können uns sehr inspirieren. Ich kann mich mit der Tatsache identifizieren, dass sie Schwächen und Unzulänglichkeiten hatten. Wie andere Menschen auch, musste ich mich mit meinen Schwächen herumplagen und habe schon jede Menge Fehler gemacht.

Nicht nur, dass ich als junge Mutter schmerzlich unvollkommen war. Als Gott mich berief, sein Wort zu lehren, verhielt ich mich anfangs regelrecht peinlich. Zu der ersten Bibelstunde, die ich unterrichtete, erschien ich mit Zigarette im Mund und in Hotpants.

Ich wusste es nicht besser!

Aber das konnte Gott nicht aufhalten. Er salbte mich dennoch und diese Bibelstunden wurden zum Erfolg. (Fromm geprägte Leser haben vielleicht Mühe, das zu verstehen, aber es ist wahr.) Die Leute kamen immer wieder. Es wurden zunehmend mehr. Gott gab mir Gnade, ein Segen zu sein. Nicht weil ich rauchte und mich unangemessen kleidete, sondern weil er wusste, dass ich ihn liebte und ihm gefallen wollte. Er erwies mir große Barmherzigkeit, weil er wusste, dass ich ihn an mir arbeiten und mich im Lauf der Zeit verändern lassen würde.

Heute tut er immer noch dasselbe für mich. Sie als Mutter können sicher sein, dass er es auch für Sie tun wird. Er wird Sie salben und dazu befähigen, ein Segen für Ihre Familie zu sein, trotz Ihrer überquellenden Krimskramsschubladen, der erbärmlichen Ausbeute Ihrer Gartenarbeit und trotz gelegentlicher Ausbrüche von Ungeduld. Solange Sie darauf vertrauen, dass er es tut, wird Gott Ihnen helfen, als Mutter erfolgreich zu sein und seinen Plan zu erfüllen. Nicht weil Sie perfekt sind, sondern weil er perfekt ist.

Er erwartet nur, dass wir ein paar einfache Dinge tun:

1. Jesus Christus als unseren Herrn und Erlöser annehmen.
2. Ihn und sein Wort kennenlernen und eine tiefe, innige, persönliche Beziehung zu ihm entwickeln.
3. Uns auf ihn stützen und vertrauen, dass er in jeder Situation, in die wir geraten, unsere Weisheit und Stärke ist.
4. Der Leitung des Heiligen Geistes folgen, der uns in alle Wahrheit führt und uns immer mehr in das Bild Christi verändert.

Die gute Nachricht ist, dass Gott uns selbst für das, worum er uns bittet, die Fähigkeit gibt, indem er uns jederzeit seine

Gnade anbietet. Wenn wir uns auf ihn verlassen, werden wir Fortschritte machen, aber dabei nicht stolz werden und uns den Erfolg auf die eigene Fahne schreiben. Wir werden ein dankbares Leben führen und Gott und seine Güte und Barmherzigkeit loben. Unser Weg mit Gott ist keine Sackgasse. Zu unserem Glück wirkt er an uns bis an unser Lebensende.

Wir können also den Druck, eine perfekte Leistung zu erzielen, einfach hinter uns lassen. Wir können uns in dem Bewusstsein entspannen, dass wir nicht vollkommen sind, unsere Fehler zugeben und weiterleben. Wir dürfen wissen, dass Gott uns immer bedingungslos liebt und dass es keine wie auch immer geartete Verdammnis gibt für die, die in Christus Jesus sind (siehe Römer 8,1). Wir können jeden Tag voller Selbstvertrauen leben und sagen: »Ich bin okay, ich bin auf dem Weg!«

Warum finden wir es zum Beispiel schwierig zuzugeben: »Ich habe einen Fehler gemacht«? Oder: »Das ist nicht meine Stärke« oder: »Ich komme an meine Grenzen«? Warum scheinen wir von unseren eigenen, ganz natürlichen Schwächen ständig überrascht und enttäuscht zu sein?

Gott ist mit Sicherheit nicht davon überrascht.

Sehen Sie doch nur, was er in Jeremia 1,5 sagt: *Ehe ich dich im Mutterleib bildete, habe ich dich erkannt, und ehe du aus dem Mutterschoß hervorkamst, habe ich dich geheiligt …* Gott wusste, dass Sie nicht perfekt sein würden – nur Jesus ist vollkommen –, aber dennoch hat er Sie erwählt, sein Eigentum zu sein. Er hat sie dazu berufen, eine der wichtigsten Aufgaben der Welt zu übernehmen: Mutter zu sein. Schon im Voraus rechnete er mit Ihren Schwächen und kümmerte sich darum, indem er Jesus sandte, der Ihr barmherziger und treuer Hohepriester sein sollte (siehe Hebräer 2,17).

Denn wir haben nicht einen Hohenpriester, der nicht Mitleid haben könnte mit unseren Schwachheiten, sondern der in allem in gleicher Weise wie wir versucht worden ist, doch ohne Sünde. Lasst uns nun mit Freimütigkeit hinzutreten zum Thron der

Gnade, damit wir Barmherzigkeit empfangen [für unser Versagen] und Gnade finden zur rechtzeitigen Hilfe!

Hebräer 4,15-16

Denken Sie daran! Sie haben tatsächlich einen Hohepriester, der Sie versteht. Er verlangt nicht, dass Sie jederzeit perfekt sind, um eine Beziehung mit ihm haben zu können. Wenn er keine Perfektion von Ihnen verlangt, dann brauchen Sie selbst das auch nicht von sich zu verlangen. Er möchte allerdings, dass Sie die Bereiche Ihres Lebens, die verbesserungswürdig sind, ihm übergeben. Gleichzeitig steht er bereit, Ihnen in diesem Prozess zu helfen – Sie müssen es nicht allein schaffen. Sie müssen allerdings mit ihm zusammenarbeiten, um das Werk in Ihrem Leben zu vollbringen. Sie können sich entspannen und Ihr Leben genießen in dem Wissen, dass er sich über Sie freut und dabei ist, ein gutes Werk an Ihnen zu tun.

Zwischen Sein und Tun unterscheiden

Sie sagen vielleicht: »Aber, Joyce, kann ich wirklich glauben, dass Gott sich über mich freut, obwohl ich immer noch Fehler mache und manchmal sündige?«

Ja, doch dazu müssen Sie zwischen Ihrem *Sein* und Ihrem *Tun* unterscheiden. Sie müssen erkennen, dass Sie als Kind Gottes eine neue und wunderbare Kreatur sind. Ihr Geist wurde in Gottes Bild wiedergeboren. In Ihrem Inneren haben Sie seine Natur. Wenn Gott darauf sieht, wer Sie sind, sieht er die Ähnlichkeit mit Jesus und sagt über Sie dasselbe, was er über ihn gesagt hat: *Dieser ist mein geliebter Sohn, an dem ich Wohlgefallen gefunden habe* (Matthäus 17,5).

Lesen Sie diese Stelle nicht nur oberflächlich. Lassen Sie sie einen Moment wirken: Gott freut sich über Jesus und er freut sich genauso über Sie. Er freut sich darüber, dass Sie ihn lieben und dass Sie wachsen und lernen wollen. Wagen Sie es also zu glauben. Vielleicht möchten Sie sogar ein paar Mal am Tag innehalten und sagen: »Obwohl ich nicht perfekt bin, liebt Gott mich. Er freut sich über mich!«

Das bedeutet allerdings nicht, dass Gott alles gut findet, was Sie tun. Wenn Sie etwas Falsches machen, wird er Sie korrigieren. Er erwartet, dass Sie Buße tun, seine Vergebung annehmen und die Gnade von ihm empfangen, die Sie brauchen, um Ihr Verhalten zu ändern. Aber trotz allem wird seine Liebe zu Ihnen und seine Freude über das, wer Sie sind, beständig bleiben.

Als Mutter verstehe ich, wie das möglich ist. Keines meiner vier Kinder macht alles so, wie ich es gern hätte, aber ich freue mich trotzdem über sie. Ich liebe es, Zeit mit meinen Kindern zu verbringen und mit ihnen zu reden. Ich liebe es zu beobachten, wie sie sich entwickeln und reifer werden. Ich bin begeistert von ihnen. Mehr noch, ich werde nicht zulassen, dass irgendjemand daherkommt und mir erzählt, was sie alles verkehrt machen. Es sind *meine* Kinder und sie zu korrigieren ist nicht die Aufgabe anderer Leute!

So geht es Gott auch mit uns. Wenn der Teufel anfängt, uns zu kritisieren und uns mit Verurteilung zu überschütten, dann will Gott nicht, dass wir uns das einfach gefallen lassen. Er möchte, dass wir sagen: »Ich bin ein Kind Gottes. Auf die Anschuldigungen des Feindes brauche ich nicht zu hören.«

Ehrlich gesagt sollten wir uns nicht einmal selbst kritisieren. Wir können nicht zuversichtlich leben, wenn wir immer denken: »Das hätte ich nicht tun sollen. Das hätte ich nicht sagen sollen. Ich hätte heute mehr beten sollen. Ich hätte mehr Zeit darauf verwenden sollen, Gottes Wort zu proklamieren. Ich hätte nicht so ungeduldig sein sollen. Ich hätte meine Kinder heute häufiger umarmen sollen. Ich fühle mich so schuldig. Ich bin solch eine schlechte Mutter.«

Wenn derartige Gedanken in Ihrem Kopf herumschwirren, nehmen Sie sie gefangen (siehe 2. Korinther 10,5)! Lassen Sie den Teufel nicht länger jede Kleinigkeit, die Sie tun, kritisieren.

Machen Sie sich die Haltung des Apostels Paulus zu eigen. Als man ihn kritisierte, sagte er:

> *Mir aber ist es das Geringste, dass ich von euch oder von einem menschlichen Gerichtstag beurteilt werde; ich beurteile mich aber auch selbst nicht. Denn ich bin mir keiner Schuld bewusst, aber dadurch bin ich nicht gerechtfertigt. Der mich aber beurteilt, ist der Herr.*
>
> 1. Korinther 4,3-4

Das nenne ich Freiheit! Und das ist es, was Gott für uns alle will. Er möchte, dass wir die Angewohnheit, uns selbst zu verurteilen und zu kritisieren, aufgeben. Er möchte, dass wir sagen: »Ich bin entschlossen, jeden Tag mein Bestes zu geben. Sollte mir das jedoch nicht gelingen, werde ich mich nicht von Sorgen überwältigen lassen. Ich vertraue darauf, dass Gott es mir zeigen wird, wenn ich etwas tue, was ihm missfällt, und dass er mir auch sagt, wie ich es ändern kann.«

Wenn wir so denken, kann Gott mit uns arbeiten. Solange wir ihn lieben, mit ihm gehen und unser Vertrauen auf seine Vollkommenheit setzen statt auf unsere eigene, wird er uns immer wieder auf den richtigen Weg zurückführen – egal wie viele Fehler wir machen oder wie sehr wir danebenliegen!

Lernen, wie reale Menschen mit der realen Welt umgehen

Oft machen wir uns über unsere Fehler und Unzulänglichkeiten Sorgen, weil wir wissen, dass unsere Kinder alles beobachten, was wir tun, und wir ihnen deshalb ein gutes Vorbild sein wollen.

Natürlich stimmt es, dass Sie ein Vorbild für Ihre Kinder sind, aber das bedeutet nicht, dass Sie vollkommen sein müssen.

Tatsächlich können Ihre Unzulänglichkeiten eine große Hilfe für Ihre Kinder darstellen, wenn Sie Ihre Fehler bereitwillig anerkennen, umgehend Buße tun, Gott weiterhin vertrauen und keine Verdammnisgefühle zulassen. Sie können Ihren Kindern auf diese Weise beibringen, wie sich reale Menschen in einer realen Welt verhalten. Sie zeigen Ihren Kindern, dass wir, obwohl wir alle unvollkommen sind, dennoch Gottes Vergebung empfangen und unsere Vorhaben trotzdem gelingen können.

Das ist eine der wertvollsten Lektionen, die Kinder lernen können. Sie müssen wissen, dass ein geistlich gesunder Christ seine Fehler nicht zu verstecken braucht. Wir können offen darüber sprechen und andere an unseren Erfahrungen teilhaben lassen. Wir können erzählen, wie wir den Umgang mit unseren Fehlern gelernt haben. Wir dürfen unsere Menschlichkeit ehrlich zeigen und unsere Fehler dazu nutzen, andere zu ermutigen und zu beruhigen.

Das predige ich nicht nur, sondern praktiziere es seit vielen Jahren selbst. Ich erinnere mich zum Beispiel an Zeiten, in denen Dave und ich vor einem oder auch allen unseren Kindern in hitzige Diskussionen gerieten. Kinder haben es nicht gern, wenn ihre Eltern streiten. Es kam also vor, dass sie weinten, weil wir uns so sehr stritten. Natürlich tat es Dave und mir leid, dass wir die Kinder durch unser Verhalten traurig gemacht hatten.

Aber statt uns in Schuldgefühlen zu ergehen, nutzten wir die Situation, um ihnen eine wertvolle Lektion beizubringen. Wir sagten unseren Kindern, dass Menschen Fehler machen und dass es falsch von uns war, zornig zu sein. Wir sprachen mit ihnen über Gottes Vergebung und über unsere gegenseitige Vergebung und erklärten ihnen, dass Menschen im wahren Leben manchmal unterschiedlicher Meinung sein und sich trotzdem sehr lieben können.

Glücklicherweise haben Dave und ich uns nicht besonders oft vor unseren Kindern gestritten. Sonst hätte es negative Auswirkungen auf sie haben können. Sie hätten verunsichert oder sogar selbst zornig und streitlustig werden können.

Kinder spiegeln gern, was sie in ihren Eltern sehen, aber vergessen Sie nie: Wirklich beeinflusst werden sie von dem, was sie *beständig* sehen. Machen Sie sich also keine Gedanken um jeden falschen Schritt. Sie müssen nicht jedes Mal, wenn Sie einen Fehler machen, befürchten, dass Sie Ihre Kinder verderben. Behalten Sie das Ziel im Auge, ein gutes Vorbild zu sein, und ich kann Ihnen versichern, dass Ihre gelegentlichen Fehler Ihren Kindern keinen Schaden zufügen werden.

Lassen Sie sie jeden Tag mitbekommen, wie Sie beten und Gott für seine Treue loben. Lassen Sie sie sehen, wie Sie straucheln, wieder aufstehen und sofort in Glauben und Liebe weiterleben. Zeigen Sie Ihren Kindern durch Ihr beständiges Beispiel, wie sie Zuversicht haben können, nicht in sich selbst, sondern in Gott.

Genau dazu entschloss sich Kristin Armstrong.

Es fiel ihr allerdings nicht leicht. Wie sie in ihrem Buch *A Work in Progress: An Unfinished Woman's Guide to Grace* erklärt, hat sie viele Jahre versucht, sich selbst zur Perfektion anzutreiben. Nach außen hin wirkte sie tatsächlich in jeder Hinsicht erfolgreich.

Sie schloss die Schule mit sehr guten Noten ab, machte Karriere, heiratete einen international berühmten Sportler und bekam drei prächtige Kinder. Sie führte ein Leben, von dem die meisten Frauen nur träumen können. Aber als ihre Ehe schließlich scheiterte und in einer Scheidung endete, zerbröckelte Kristins scheinbar so perfekte Welt.

Da erkannte sie, dass ihr Selbstbewusstsein lediglich eine Vorspiegelung gewesen war. »Was ich hatte, war eine dünne Schicht aus Arroganz über einem Kern aus Angst«, sagte sie. »Als mein Leben auseinanderzubrechen begann, konnte ich mit dieser Unvollkommenheit nicht umgehen. Aber die Zeit des Zerbrochenseins wurde für mich zu einer Zeit göttlicher Befreiung. Gott hatte seit über 30 Jahren darauf gewartet, dass ich sagen würde: ›Hey, kannst du mir helfen? … Ich packe es nicht mehr!‹«

Mit diesem Aufschrei gab Kristin ihren Drang zur Perfektion durch eigene Anstrengung auf und ließ Gott ans Ruder ihres Lebens. Sie wurde, wie sie selbst sagt, zu »einem größeren Renovierungsprojekt«. Sie nahm den Vorschlaghammer der Gnade Gottes, zerschmetterte die selbst gemachte Hülle oberflächlicher Perfektion und begann den Fußspuren von Frauen des Glaubens wie Sara, Rahab und Batseba zu folgen.

Sie wurde zu einer Frau, mit der Gott arbeiten konnte. An diesem Punkt begann er, ihr Leben wirklich zu verändern. Er öffnete Türen für sie, sodass sie schreiben und mit anderen Müttern darüber sprechen konnte, was möglich ist, wenn wir aufhören, uns in unserer eigenen Stärke um Perfektion zu bemühen. »Es geht jetzt nicht mehr um mich oder um das, was ich kann oder nicht kann«, sagt sie. »Ich brauche mich nicht mehr zu fragen: *Bin ich gut genug?* Ich setze mein Vertrauen auf Christus und ich bin die Person, zu der er mich erschaffen hat. Es ist also immer gut genug, was ich zu geben oder zu sagen habe. Das ist solch eine Erleichterung und Befreiung! Und das ist die Gabe, die ich meinen Kindern weitergeben will.«

Amen, Kristin. Welch bessere Gabe könnte es geben?

Gott wird Ihnen helfen,
als Mutter erfolgreich zu sein
und seinen Plan zu erfüllen –
nicht weil Sie perfekt sind,
sondern weil er perfekt ist.

KAPITEL 3

Gott schafft das

Am 20. Mai 2013 sammelte die Lehrerin Nikki McCurtin einige verängstigte Viertklässler um sich und begann ihnen vorzulesen. Die Kinder würden wahrscheinlich nicht aufmerksam zuhören können. So gerne sie die Geschichten über den Löwen Aslan aus C. S. Lewis' Buch *Das Wunder von Narnia* hörten – die riesige Wolke, die sich drohend am Horizont auftürmte, machte die Schüler nervös.

Die meisten Kinder aus Nikkis Klasse waren bereits von ihren Eltern abgeholt worden, da diese sie bei Ausbruch des Unwetters zu Hause haben wollten. Nur sieben ihrer 27 Schüler waren noch bei ihr. Ihre ernsten Gesichter auf Nikki gerichtet, saßen sie im Schneidersitz auf dem Boden und warteten auf die Fortsetzung der Geschichte. Nikki lächelte ihnen zu und schluckte den Kloß im Hals hinunter. »Kapitel 9«, kündigte sie an.

> *Der Löwe schritt auf und ab und sang dabei sein neues Lied. Es war leiser und beschwingter als jenes, mit dem er Sterne und Sonne ins Leben gerufen hatte – sozusagen eine sanft dahinplätschernde Klangfolge. Während er singend umherschritt, begann im Tal das Gras zu grünen. Um den Löwen herum fing es an; dann breitet es sich ringsumher aus wie ein überquellender Teich …*

Die Schüler hingen an ihren Lippen. Den brüllenden Donner draußen hörten sie nicht mehr, sondern hatten nur noch Augen und Ohren für den Löwen, der in der Dunkelheit sang und mit seiner Stimme Leben schuf. Nikki spürte die Anwesenheit des Heiligen Geistes im Klassenraum. Die Kinder waren noch zu jung, um zu wissen, dass der Löwe in der Geschichte Gott darstellte und dass das leere Land das Werk des Teufels war. Deshalb sah Nikki von ihrem Buch auf und erklärte ihnen, wie aus der Finsternis immer Leben entsteht und am Ende das Gute das Böse überwindet.

Wie auf ein Stichwort klickte es in der Lautsprecheranlage. Die Stimme des Direktors hallte durch Klassenzimmer und Flure: »Tornado-Schutzmaßnahmen ergreifen – *sofort!*«

Es dauerte nur wenige Minuten, bis Nikki und die anderen Lehrer in ihrem Flügel des Gebäudes die Kinder in den sichersten Raum, die Toiletten, geleitet hatten. Das Licht der Deckenlampen flackerte. Die Kinder, die Nikki in diesem letzten Schuljahr lieben gelernt hatte, scharten sich um sie und wimmerten vor Entsetzen. Da klingelte Nikkis Handy. Es war Preston, ihr Mann. Er hatte den Tornado im Fernsehen verfolgt. »Er kommt! Er erwischt euch voll!«, sagte er. Bevor sie antworten konnte, erstarb die Verbindung.

Der Tornado brüllte wie ein Güterzug. Das Wimmern der Kinder steigerte sich zu Heulen. Der Fußboden zitterte und die Wände bebten. »Gott, gib mir einen Vers, den ich für sie beten kann!«, schrie Nikki.

Er antwortete ihr sofort. Psalm 91,4: *Er wird dich mit seinen Flügeln bedecken, und du findest bei ihm Zuflucht. Seine Treue schützt dich wie ein großer Schild* (NLB).

Immer wieder betete sie diesen Vers, so laut sie konnte, und umklammerte ein kleines Mädchen wie ein menschlicher Schutzschild.

Nikki stand mit dem Rücken zur Tür und stemmte sich gegen die Finger des Sturms, die nach ihr griffen und sie in den Strudel hineinsaugen wollten. Als sie sie mit sich zu reißen drohten, fühlte Nikki auf einmal eine stärkere Hand, die mit sanfter Gewalt gegen ihren Rücken drückte und ihr half zu bleiben, wo sie war.

Sie drehte sich um, um den Helfer zu sehen, aber da war niemand. Dann hörte sie Gottes Stimme in ihrem Herzen sagen, dass alles gut werden würde, dass er den Sturm bewältigen würde, so furchtbar dieser auch war.

Um sie herum zerbrachen Mauersteine und krachten zu Boden. Über ihnen riss sich das Dach los. Das Vakuum, das die Windhose erzeugte, saugte die Luft aus Nikkis Lungen. Verzweifelt versuchte sie zu atmen, stand auf und drehte sich taumelnd um – da sah sie den Tornado direkt vor sich, ein dunkles Strudelmonster aus Dreck und Schutt.

Und dann war es vorbei. Nicht nur der Tornado, sondern auch alles andere – die Grundschule »Plaza Towers« und viele Quadratmeilen der Ortschaft Moore in Oklahoma. Nikki konnte das Ausmaß der Zerstörung nicht fassen. Sie erinnerte sich an die Szenen, die der Herr ihr ein paar Tage zuvor vor ihrem inneren Auge hatte aufblitzen lassen. Es hatte genau so ausgesehen – wie ein Kriegsgebiet. Nikki hatte gewusst, dass es eine Warnung war. Sie und ihr Mann hatten die Warnung ernst genommen und gebetet.

Jetzt kniete sie bei ihren Schülern, die immer noch im Schutt zusammenkauerten. Manche hatten Prellungen und bluteten, aber keiner von ihnen war schwer verletzt. Sie versorgte ihre Wunden und tröstete sie. »Ihr lebt«, sagte sie. »Ihr lebt. Alles wird gut.«

Nie allein

Wir Mütter haben wahrscheinlich noch nie so etwas erlebt wie Nikki McCurtin. Wir mussten uns noch nie durch einen Tornado der Stärke F5 hindurchbeten und werden das auch hoffentlich nie müssen. Aber ich wollte Ihnen Nikkis Geschichte trotzdem erzählen, denn in gewisser Weise können wir uns alle damit identifizieren.

Wir alle wissen, wie es ist, von einem Sturm getroffen zu werden, wenn ein Problemtornado brüllt und unsere Welt erschüttert. Manchmal rütteln solche Stürme an unserer Ehe oder bedrohen unsere Finanzen. Ein anderes Mal bringen sie Krankheit, Enttäuschung oder emotionalen Schmerz. Aber egal welcher Art von Sturm wir uns stellen müssen, als Mütter wollen wir alle dasselbe tun, was Nikki tat: die Kleinen, die wir lieben, vor den Turbulenzen um sie herum schützen und dafür sorgen, dass sie alles einigermaßen gut überstehen.

Das ist nicht leicht. Auch nicht wenn wir es nur hier und da mit ein paar Schauern zu tun haben. Regelrecht unmöglich aber kann es in wirklich schweren Zeiten aussehen. Die schlichte Wahrheit ist: Es wird immer wieder schwierige Zeiten geben. Jesus hat uns das gesagt. In Johannes 16,33 steht: Solange wir in dieser Welt sind, werden wir Probleme und Prüfungen erleben. Heute können besonders Mütter die Wahrheit dieser Aussage bestätigen.

Laut Statistik werden viele US-amerikanische Mütter, die mit Wiederholungen der Fernsehserie *Erwachsen müsste man sein* aufwuchsen und von einem Leben wie dem von June Cleaver träumten, mit einer vollkommen anderen Realität konfrontiert. In den vergangenen 50 Jahren hat sich die Scheidungsrate verdoppelt. Die Zahl von Haushalten, die von einer alleinerziehenden Mutter geführt werden, ist um schwindelerregende 47 Prozent gestiegen. Weniger Mütter denn je haben die Möglichkeit, bei ihren Kindern zu Hause zu bleiben. Weniger Haushalte denn je haben ein ausreichendes Einkommen.

Heutzutage ist das Familienleben komplizierter.

- 61 Prozent der Mütter sind zusätzlich zur Arbeit im Haushalt berufstätig.
- 86 Prozent dieser Mütter geben an, sich manchmal oder häufig gestresst zu fühlen.
- 48 Prozent aller ersten Ehen in Amerika enden mit einer Scheidung.
- 19 Millionen Kinder werden von alleinstehenden Müttern aufgezogen.
- 51 Prozent dieser Kinder leben unterhalb der Armutsgrenze.
- 43 Prozent aller Ehen sind zweite oder dritte Ehen.

- 68 Prozent aller dieser wiederverheirateten Paare haben Kinder aus ersten Ehen.
- Täglich entstehen 2100 neue Patchworkfamilien.
- 82 Prozent der Eltern in Patchworkfamilien geben an, nicht zu wissen, wohin sie sich mit ihren Problemen wenden sollen.[2]

Die Zeiten haben sich eindeutig geändert. Dies ist nicht mehr die Welt von June Cleaver.

Vielleicht wissen Sie das bereits aus Erfahrung. Vielleicht betreffen Sie diese Statistiken ganz persönlich; das selige Mutterglück, von dem Sie einst träumten, hat sich nicht ganz so glückselig erwiesen. Wenn das so ist, habe ich ein Wort der Ermutigung für Sie: Sie sind nicht allein.

Es gibt nicht nur Millionen andere Mütter, die mit Ihnen im selben Boot sitzen. Auch Jesus ist mit Ihnen in Ihrem Boot und er sagt:

> *Ich will dich nicht aufgeben und dich nicht verlassen. [Ich werde dich auf keinerlei Weise im Stich lassen oder aufgeben oder zulassen, dass du keine Hilfe und Unterstützung hättest. Du kannst ganz sicher sein: Ich werde dich immer fest in meiner Hand halten.]*
>
> Hebräer 13,5

Nun denken Sie vielleicht: »Aber manchmal fühle ich mich so allein! Ich bete und bitte Gott um Hilfe, aber ich habe nicht das Gefühl, dass er bei mir ist – oder auch nur in der Nähe!«

Wenn Sie das so empfinden, möchte ich Sie auffordern, nicht mehr auf Ihre Gefühle zu hören, weil diese Sie anlügen. Jesus

---

2 Siehe »Working Mother Statistic«, Statistic Brain, www.statisticbrain.com/working-mother-statistics; Greg Kaufman, »This Week in Poverty: US Single Mothers – ›The Worst Off‹«, *The Nation*, 21.12.2012, www.thenation.com/blog/171886/week-poverty-us-single-mothers-worst, Zugriff am 11.7.2014.

hat versprochen, bei Ihnen zu sein, und das ist er auch. Schon sein Name, *Immanuel*, bedeutet *Gott mit uns*.

Und zu seinen letzten Worten, bevor er in den Himmel auffuhr, gehörte Folgendes:

> *»… ich bin bei euch alle Tage bis zur Vollendung des Zeitalters.«*
>
> Matthäus 28,20

Dieses Versprechen, dass er »alle Tage« bei uns sein wird, bedeutet, dass er auch bei uns ist, wenn wir schwierige Kinder erziehen. Er ist bei uns, wenn unser Ehemann sich davonmacht oder die Beziehung zur Schwiegerfamilie belastet ist. Er ist bei uns, wenn wir in schlaflosen Nächten Babys mit Bauchweh trösten oder auf Teenager warten, die sich herumtreiben. Er ist mit uns, wenn wir vor Wäschebergen stehen, herausfordernde Tätigkeiten angehen und uns bemühen, aus einer kaputten Situation etwas Schönes hervorzubringen.

Das heißt, Sie brauchen keine Panik zu bekommen, wenn Sie vor irgendeinem überwältigenden Sturm von Schwierigkeiten stehen. Sie brauchen nicht die Hände zu ringen und zu sagen: »Das schaffe ich einfach nicht!« Stattdessen können Sie sich Nikki McCurtin zum Vorbild nehmen. Sie können Gott um einen Bibelvers bitten, den Sie beten und sich damit auf Jesus stützen.

Er hat alle Macht im Himmel und auf Erden. Er ist bei Ihnen. Und er *kann* es schaffen!

Hilfe finden in der Wüste

Manchmal stehen wir vor Schwierigkeiten, die wir uns selbst eingebrockt haben. In diesen schwierigen Zeiten fragen wir uns dann, ob Gott uns dennoch helfen wird, uns stärkt und mit uns ist. Wenn Sie heute vor solch einer Situation stehen, möchte ich Sie ermutigen: Gott hat Sie nicht aufgegeben. Er ist bei Ihnen und wird Ihnen die nötige Kraft geben, jedes Hindernis zu überwinden – selbst wenn Sie sich das Hindernis selbst zuzuschreiben haben.

Wenn Sie daran zweifeln, dann lesen Sie doch noch einmal die Geschichte einer jungen Frau namens Hagar im Alten Testament. Hagar war eine Dienerin in Abrahams Haushalt. Sie war auch die Frau, die zur »Leihmutter« ernannt wurde, als Sara beschloss, Abraham solle ein Kind zeugen, indem er mit jemandem schlief, der jünger und fruchtbarer war als sie selbst.

Als Dienerin hatte Hagar vermutlich nicht viele Wahlmöglichkeiten. Damals wurden die Dinge nun einmal so geregelt. Doch als sie dann mit Abrahams Kind schwanger war, konnte sie entscheiden, wie sie mit der Situation umging. Und sie entschied sich für ein schlechtes Verhalten. Sie machte eine bereits schwierige Situation noch schlimmer, indem sie sich gegenüber Sara hochmütig verhielt und sie mit Herablassung behandelte.

Um es vorsichtig auszudrücken: Sara nahm das nicht gut auf. Ja, sie wurde richtig wütend. Entschlossen, Hagar in ihre Schranken zu weisen, ärgerte und demütigte sie sie bei jeder Gelegenheit. Deshalb lief Hagar davon … dahin, wohin man einzig und allein laufen kann, wenn man in einer Zeltstadt im Nahen Osten wohnt.

In die Wüste.

Für eine junge, schwangere Frau, allein und unversorgt, ist die Wüste ein unwirtlicher Ort. Und sie ist gefährlich. Hagar hätte da draußen leicht umkommen können. Aber sie kam nicht um, denn Gott begegnete ihr in seiner großen Barmherzigkeit und sagte ihr, was sie tun sollte.

> *Kehre zu deiner Herrin zurück, und demütige dich unter ihre Hände! … Ich will deine Nachkommen so sehr mehren, dass man sie nicht zählen kann vor Menge. … Siehe, du bist schwanger und wirst einen Sohn gebären; dem sollst du den Namen Ismael [Gott hört] geben, denn der Herr hat auf dein*

> *Elend gehört. … Da nannte sie den Namen des Herrn, der zu ihr geredet hatte: Du bist ein Gott, der mich sieht!*
>
> 1. Mose 16,9-13

Der Gott, der mich sieht. Das ist ein wunderbarer Name für den Herrn! Und er wurde zum ersten Mal von einer Mutter genannt, die sich in herzzerreißenden Umständen befand. Einer Mutter, die Opfer ihrer schlechten Einstellungen und ihres gottlosen Verhaltens geworden war, wie es uns allen von Zeit zu Zeit geht.

Hagars Problem war zum Teil Abrahams und Saras Fehler, zum Teil auch ihr eigener. Gott selbst trug keine Schuld. Trotzdem griff er ein, erwies ihr Freundlichkeit und versprach ihr und ihrem Kind eine fruchtbare Zukunft.

Das tat Gott für Hagar zu Zeiten des Alten Testaments. Können wir da als neutestamentliche Mütter nicht umso sicherer sein, dass Gott uns sieht und für uns sorgt, selbst wenn wir uns in der Wüste befinden? Können wir nicht voller Zuversicht zu ihm gehen und seine Gnade, Barmherzigkeit und Hilfe in Zeiten der Not empfangen, selbst wenn unsere Not das Resultat unseres eigenen schlechten Urteils oder Verhaltens ist?

Ja! Auf jeden Fall. Das können wir!

Aber wenn wir zu ihm kommen, sollten wir nicht vergessen, dass Gott uns nicht immer sofort aus jeder schwierigen Situation befreit. Er wird unsere Probleme nicht immer – einfach *puff!* – zerplatzen und verschwinden lassen. Genau wie er Hagar zurückschickte, um Sara noch eine Weile zu ertragen, wird Gott oft von uns fordern, dass wir unsere Probleme mit seiner Hilfe im Lauf der Zeit aufarbeiten. Wenn wir ihm sagen, das könnten wir nicht, wird er uns wie Paulus in 2. Korinther 12,9 antworten: *Meine Gnade genügt dir.*

> »Herr, es ist zu schwer, mit der willensstarken Persönlichkeit meines Kindes umzugehen! Das macht mich noch verrückt!«
> *Meine Gnade genügt dir.*

»Herr, ich weiß, wir brauchen das Geld, aber ich kann diese Arbeitsstelle nicht länger ertragen!«
Meine Gnade genügt dir.
»Herr, es ist schwer, alleinerziehend zu sein. Ich bin zu erschöpft, um weiterzumachen!«
Meine Gnade genügt dir.

Was genau ist Gottes Gnade?

Gnade ist Gottes Kraft, die uns befähigt, das mit Leichtigkeit zu tun, was wir auf uns selbst gestellt niemals tun könnten. Es ist die Gunst Gottes, die in unser Leben kommt und uns mit allem versorgt, was wir brauchen. Mithilfe der Gnade Gottes können Sie und ich Dinge bewerkstelligen, die wir aus eigener Kraft unmöglich schaffen könnten. Und wenn wir uns noch so anstrengen würden.

Weil Gott uns so viel Gnade schenkt, wie wir brauchen, ist Gnade der große Gleichmacher! Je mehr Probleme und Schwächen wir haben, desto mehr Gnade empfangen wir!

»Aber Sie kennen doch meine Situation nicht«, sagen Sie vielleicht. »Sie hatten niemals solche Probleme zu bewältigen wie ich.«

Sicher ist das richtig. Wir alle haben unser eigenes Rennen zu laufen und unseren eigenen Stürmen standzuhalten. Als Gott mich in den Dienst berief, hatte ich drei Teenager zu Hause und ein Baby, das ich oft auf der Hüfte trug, während ich versuchte, Gottes Willen zu tun. Ich hatte mich mit einem Vater auseinanderzusetzen, der mich als Kind jahrelang sexuell missbraucht hatte und sich immer noch weigerte zuzugeben, dass er unrecht getan hatte. Dazu hatte ich eine Mutter, die die Augen vor der Wahrheit völlig verschloss. Ich hatte mit Freunden und Verwandten zu tun, die mich komplett ablehnten, weil ich Gottes Wort lehrte und Frauen das ihrer Meinung nach nicht tun durften! Ich hatte auch etliche nicht ganz so schwerwiegende gesundheitliche Probleme aufgrund des Stresses, dem ich lange Zeit ausgesetzt gewesen war.

Darüber hinaus verhielt sich mein Mann – während ich sowohl umherreiste und das Wort Gottes lehrte als auch versuchte, eine gute Mutter, Ehefrau und Hausfrau zu sein – nicht so, wie er es meiner Meinung nach hätte tun sollen. Er bestand darauf, in seiner Freizeit Golf zu spielen oder Football zu schauen, statt sich um mich zu kümmern. Ich versuchte alles, um ihn zu ändern. Ich schmollte. Ich stritt. Ich manipulierte. Ich bettelte sogar Gott an, er möge Dave doch ändern! Aber Gott verfuhr nicht auf meine Art. Es sah ganz danach aus, als wollte er, dass ich mich um mein eigenes geistliches Leben kümmerte und nicht um Daves. Statt also Dave dazu zu bewegen, dass er tat, was ich von ihm wollte, gab Gott mir extra viel Gnade, um mich von ihm verändern zu lassen und ihm in allen Dingen zu vertrauen. Ich würde furchtbar gern sagen können, dass das radikal und schnell vonstattenging. Aber um ehrlich zu sein, dauerte es viel länger, als mir lieb war. Schließlich gebrauchte Gott das, was mir schwerfiel, um mich zu ändern und in eine tiefere und intimere Beziehung mit sich selbst zu führen.

Das ist meine Geschichte. Ihre mag ganz anders aussehen. Wir alle stehen vor einzigartigen und sehr unterschiedlichen Herausforderungen. Doch auf eines können Sie in jedem Fall zählen: Gott wird Ihnen mehr als genügend Gnade geben, damit Sie mit Ihren Herausforderungen klarkommen. Als alleinerziehende Mutter mit mehreren Kindern und einem Vollzeitjob, um die Rechnungen zu bezahlen, wird Gott Sie bis obenhin mit genügend Gnade füllen, damit Sie das alles mit Freude und im Frieden bewältigen können. Sind Sie eine Mutter, die zu Hause bleibt und sich von der Welt abgeschnitten und in Gottes Reich unfruchtbar fühlt? Dann wird er dasselbe tun und auch Sie in Ihrer Not mit seiner Gnade versorgen. Diese Verheißungen Gottes gelten für uns alle: Er gibt uns …

- immer mehr Gnade (siehe Jakobus 4,6).

- *Denn aus seiner Fülle haben wir alle empfangen, und zwar Gnade um Gnade* (Johannes 1,16).
- ein überfließendes Maß der Gnade Gottes (siehe 2. Korinther 9,14).

Ein Beispiel dafür sah ich in meiner Tochter Sandra. Nach der Geburt ihrer Zwillinge führte der Herr sie so, dass sie ihre Arbeit in unserem Werk aufgab, um ganz zu Hause zu bleiben. Sie wusste, dass das zu diesem Zeitpunkt die richtige Entscheidung war. Wie jede Mutter von kleinen Kindern hatte sie sehr viel zu tun. Dennoch sehnte sie sich danach, andere Menschen mit dem Wort Gottes zu erreichen. Deshalb bat sie Gott um extra Gnade. Gemeinsam mit ihren zweijährigen Töchtern betete sie täglich, dass er sie überall, wo sie hinkämen, zu einem Licht machen würde.

Und das tat er auch! Gott inspirierte Sandra mit Ideen und dem Mut, entsprechend zu handeln. Einmal zum Beispiel beschloss sie, den Müllmann zu ermutigen und ihm ihre Wertschätzung auszudrücken. Sie schrieb ihm ein Dankeschön und fügte 50 Dollar hinzu. Sie sagte, er solle sich ein schönes Mittagessen gönnen, und legte ihm noch eines meiner Bücher bei. Ein anderes Mal fielen ihr einige Motorradfahrer auf, die auf einem Parkplatz zusammenstanden. Weil sie sich von Gott aufgefordert fühlte, fuhr Sandra rechts heran, sprach mit ihnen und gab ihnen ein Set meiner Lehr-CDs.

Wunder in Kannen

Manche von Ihnen wissen mehr über Gottes Gnade, als ich als junge Mutter gewusst habe. In den ersten Jahren, in denen ich für Gott leben wollte, hatte ich keine Ahnung davon. Ich wusste, dass ich durch Gnade aus Glauben gerettet war. Doch ich dachte, nun nachdem ich wiedergeboren war, müsste ich alles in meiner eigenen Kraft tun. Ich fühlte mich, als würde Gott mir den Ball zuwerfen und erwarten, dass ich ein Tor schieße. Oh, welch eine Quälerei das war!

Je mehr ich das Wort Gottes studierte, desto mehr entdeckte ich all das, was ich falsch machte. Aber ich konnte anscheinend nicht die Kraft finden, diese Dinge zu ändern. Ich hörte zum Beispiel eine gute Predigt darüber, wie ich leben sollte und was ich tun müsste. Ich stimmte dem zu, versuchte mich entsprechend zu verhalten und fiel auf die Nase. Oder ich las ein gutes christliches Buch, erkannte wo ich versagte und ging hin und machte dieselben Fehler sofort wieder. All das Bemühen und Versagen frustrierte mich immer mehr. Das war auch oft der Grund, dass ich viel mit den Kindern schimpfte.

Aber zum Glück begann ich mit Gottes Hilfe schließlich zu lernen, wie ich seine Gnade empfangen konnte. Ich hörte auf, mich in meiner eigenen Kraft abzumühen, erkannte meine vollkommene Abhängigkeit von Gott und vertraute ihm, dass er durch mich das tun würde, was ich aus mir selbst heraus nicht tun konnte.

Jemand sagte einmal: »Wunder gibt es in *Kann*en.« Das sehe ich auch so. Ich begann Wunder zu erleben, als ich aufhörte zu sagen: »Das halte ich nicht mehr aus!«, sondern im Glauben bekannte: »Ich *kann* alles tun durch den, der mir Kraft gibt, Christus. Ohne ihn bin ich nichts, aber mit ihm *kann* ich alles schaffen, wozu er mich beruft. Nichts ist unmöglich für ihn. Er *kann* alles und seine Kraft ist in mir!«

Solche Sätze sage ich noch heute – mehrmals am Tag. Es hilft mir, Gott anzubeten. Es aktiviert die Überwinderkraft seiner Gnade in meinem Leben. Für Sie wird es die gleiche Wirkung haben. Wenn Sie also noch nicht so vorgehen, fangen Sie damit an. Gewöhnen Sie sich an, Gott zu vertrauen und ihn beständig zu preisen. Fangen Sie an zu sagen: »Ich kann alles schaffen, was im Leben zu tun ist – durch Christus, der meine Stärke ist.«

Üben Sie sich darin, Gottes Wort zu glauben und von seiner Kraft abhängig zu sein, auch in den Sonnentagen des Lebens. Wenn Sie das lernen, werden Sie bereit sein, sobald ein Problemsturm bläst. Sie brauchen dann nicht in Panik auszubrechen. Sie werden wissen, dass im Leben derer, die auf Gott vertrauen, durch Gottes Gnade das Licht immer die Finsternis besiegt und das Gute immer das Böse überwindet. Sie werden Ihre Kleinen mit Ihrem Glaubensschild sicher schützen und sagen: »Alles wird gut. Ihr braucht euch um den Sturm keine Sorgen zu machen. Der Löwe von Juda ist hier bei uns … und er schafft das.«

KAPITEL 4

Volltanken, bitte!

Eine Gruppe Grundschüler wurde einmal gefragt: »Was hat Gott verwendet, um Mütter zu erschaffen?« Ihre Antwort war bemerkenswert.

»Wolken, Engelshaar und alles Schöne in der Welt ... und ein bisschen Gemeinheit.«

Als meine Kinder klein waren, hätten sie den Wolken- und Engelshaarteil dieser Antwort wahrscheinlich weggelassen. Ich nehme jedoch an, dass sie das »bisschen Gemeinheit« ganz und gar bestätigt hätten. Dazu hatten sie auch viel Grund. Während der ersten zehn Jahre meines Mutterseins (vielleicht sogar noch länger) neigte ich dazu, schlecht gelaunt zu sein.

Natürlich war ich das nicht mit Absicht. Ich liebe meine Kinder wie jede Mutter. Ich wollte also immer geduldig und freundlich mit ihnen umgehen. Manchmal gelang das auch. Aber dann war ich wieder das genaue Gegenteil. So eine Art Mutterversion von Dr. Jekyll und Mr Hyde.

Ich versuchte mich zu ändern; ich versuchte es wirklich inständig. Wenn man den Dichtern Glauben schenken sollte, hätte ich dazu auch in der Lage sein müssen. Auf Glückwunschkarten wird Mutterliebe oft als die größte, bedingungsloseste, dauerhafteste Liebe gefeiert, die es gibt. Aber so schön sich das auch anhört, so kann ich aus persönlicher Erfahrung bezeugen, dass es nicht wahr ist. Menschliche Liebe, selbst wenn es die Liebe einer Mutter ist, hat ihre Grenzen.

Und ich stieß oft an diese Grenzen.

Wahrscheinlich stieß ich ein bisschen häufiger daran als andere Mütter, weil mein Gefühlsleben so durcheinander war. Durch den jahrelangen Missbrauch, den ich als Heranwachsende erlebt hatte, wurde ich schnell wütend, war oft frustriert und litt unter starken Stimmungsschwankungen.

Ich wusste, dass es eine bessere Lebensweise gab, denn ich hatte in der Kirche viele Predigten über Liebe gehört. Ich hatte auch in der Bibel gelesen, wie sich wahre Liebe verhält – Gottes Art von Liebe (welche weit über der natürlichen Mutterliebe steht). Wie es in 1. Korinther 13,4-5.7-8 heißt:

> *Die Liebe ist langmütig, die Liebe ist gütig … sie bläht sich nicht auf, sie benimmt sich nicht unanständig, sie sucht nicht das Ihre [die Liebe Gottes in uns besteht nicht auf ihren eigenen Rechten oder ihrer eigenen Weise], sie lässt sich nicht erbittern [ist nicht reizbar oder verdrießlich], sie rechnet Böses nicht zu. … Sie erträgt alles, sie glaubt alles [ist jederzeit bereit, von allen das Beste zu glauben], sie hofft alles, sie erduldet alles. Die Liebe vergeht niemals …*

Obwohl ich noch unerfahren war in den Dingen Gottes, als ich diese Verse zum ersten Mal las, wollte ich sie unbedingt leben. Ich erwartete auch, das zu tun. Schließlich bin ich als Christ einer von denen, um die es in Römer 5,5 geht: *Die Liebe Gottes ist ausgegossen in unsere Herzen durch den Heiligen Geist, der uns gegeben worden ist.*

Aber es lief nicht wie geplant.

Während die Kinder in der Schule waren, nahm ich mir Zeit, um Predigtkassetten zu hören, den Herrn zu preisen und sehr geistlich zu sein. Solange ich allein im Haus war, war ich so liebevoll, wie man nur sein konnte. (Ist Ihnen schon einmal aufgefallen, wie viel leichter es ist, die Menschen zu lieben, wenn man allein ist?) Als die Kinder nach Hause kamen, sang ich Lobpreislieder beim Geschirrspülen. Aber dann ging es los, Türen wurden geknallt, Bücher polterten zu Boden und meine Lobpreislieder verstummten. Plötzlich explodierte ich vor Ärger. »Was ist bloß los mit euch?! Könnt ihr nicht vorsichtiger sein?« Zeter, keif …!

Ich fühlte mich furchtbar deswegen, aber es geschah immer und immer wieder. Ich wusste einfach nicht, was das eigentliche Problem war. Eines Tages erklärte es mir der Herr. »Joyce«, sagte er, »den ganzen Tag lang fühlst du dich schlecht in Bezug auf dich selbst. Dieser Druck baut so viel Dampf in dir auf, dass du beim kleinsten Anlass in die Luft gehen kannst!«

Ich wusste genau, was er meinte. Meine Mutter hatte einen Dampfkochtopf, als ich ein kleines Mädchen war. Auf diesem Topf befand sich ein Scheibchen aus Metall, das anfing zu klappern und zu zischen, wenn es heiß wurde. Wenn man dem Topf zu nahe kam, sagte meine Mutter: »Fass ihn nicht an! Er könnte in die Luft gehen!«

Und so verhielt ich mich damals auch gegenüber meinen Kindern. Es war, als liefe ich mit einem dieser Metallscheibchen auf dem Kopf herum, die klappern und zischen. Die Kinder brauchten mich nur mit irgendeiner Kleinigkeit zu ärgern, schon ging ich in die Luft, weil ich mich tief in meinem Innersten selbst nicht leiden konnte.

Aber warum konnte ich mich selbst nicht leiden?

Das hatte einen einfachen Grund: Ich wusste nicht wirklich und persönlich, wie sehr Gott mich liebt.

Was du nicht hast, kannst du nicht geben

Obwohl ich mir viele Predigten zum Thema Liebe anhörte und darüber in der Bibel las, kämpfte ich immer noch damit, Gottes Liebe zu verstehen. Ich konzentrierte mich hauptsächlich darauf, was die Bibel über das aktive Lieben sagt. Ich beachtete nur, was sie uns über das Geben von Liebe lehrt. Was ich nicht erkannte, war Folgendes:

Es ist unmöglich, etwas weiterzugeben, was man nicht hat. Um anderen Menschen Gottes Liebe schenken zu können, musste ich sie erst selbst empfangen. Das war etwas, was ich nicht getan hatte. Ich war zwar errettet und ich gab mir Mühe, eine Beziehung mit Gott zu führen, aber meine Gemeinschaft mit ihm war gestört. Ich wusste nicht, wie ich seine – genauer: irgendjemandes – Liebe empfangen konnte. Deshalb gelang es mir auch nicht in Liebe zu leben, obwohl ich mich danach sehnte, verlässlich und beständig Gottes Art von Liebe auszuleben, nicht nur gegenüber meinen Kindern, sondern auch gegenüber meinem Mann, meinen Verwandten, meinen Nachbarn und selbst meinen Feinden.

Als Gott mir zeigte, wo das Problem lag, entschloss ich mich, etwas daran zu ändern. Ich verbrachte ein gesamtes Jahr damit, die biblischen Aussagen dazu zu studieren und zu bekennen, wie sehr Gott mich liebt. Ich machte es mir zum obersten Ziel, in seiner Liebe fest gegründet zu werden. Ich verbrachte Zeit mit dem Herrn, in der ich seine Liebe bewusst im Glauben annahm. Während des Tages bestätigte ich das immer und immer wieder. Wahrscheinlich sagte ich hundert Mal am Tag: »Gott liebt mich!« Zunächst fühlte ich mich nicht anders. Aber mit der Zeit wurde Gottes Liebe zur Realität für mich.

Vielleicht war ich ein besonders schwieriger Fall. Aufgrund der Dinge, die ich durchgemacht hatte, musste ich vielleicht mehr als andere christliche Mütter daran arbeiten, Gottes Liebe aufzunehmen. Aber das Grundprinzip, das ich damals herausfand, gilt für alle Mütter: Wenn wir Gottes Liebe in das Leben unserer Kinder ausgießen wollen, müssen wir sie erst selbst empfangen.

Mit anderen Worten: Wenn wir nicht mit leerem Tank dastehen wollen, sobald die Straße steil und die Reise unseres Mutterseins lang wird, dann fahren wir besser jeden Tag zu Gottes Liebestankstelle und sagen: »Hier bin ich, Herr. Einmal volltanken, bitte!«

Das Beste, was Sie für Ihre Familie tun können

Ich weiß, was Sie jetzt wahrscheinlich denken. Sie überlegen, wie Sie das machen sollen. Als Mutter haben Sie ja bereits einen übervollen Kalender. Wie sollen Sie auch noch Zeit finden, um zu Gott zu gehen und erfüllt zu werden? Sie sind wie die Frau im Comicstrip, die sich auf der Suche nach Hilfe an einen Psychologen wendet. »Wollen wir doch mal sehen«, sagt der zu ihr. »Sie verwenden 50 Prozent Ihrer Energie auf Ihren Mann, 50 Prozent auf Ihre Kinder und 50 Prozent auf Ihre Arbeit. Ich glaube, ich erkenne Ihr Problem.«

Dieser Comicstrip ist nicht nur ganz witzig, sondern er macht auch eine wichtige Aussage. Wenn Mütter ihre ganze Zeit – und mehr als das – für andere verwenden und sich keine Zeit für sich selbst nehmen, bekommen sie bald Schwierigkeiten. Ich sehe so etwas ständig, nicht nur bei Müttern, sondern auch bei Geistlichen. Sie kümmern sich so hingebungsvoll um die Bedürfnisse anderer, dass sie ihre eigenen Bedürfnisse ignorieren. Nach einer Weile brechen sie dann zusammen.

Manchmal beuten sie sich körperlich aus. Sie meinen so viel zu tun zu haben, dass sie sich keine Zeit nehmen, um Sport zu treiben oder sinnvoll auszuruhen. Irgendwann fallen sie dann wegen Erschöpfung, Schwäche oder Krankheit aus. Dann leiden alle, die von ihnen abhängig sind.

In meinem Dienst habe ich viel Zeit darauf verwendet, Christen zu ermutigen, sich um ihren Körper zu kümmern. »Es ist das Haus, in dem Sie leben«, sage ich ihnen immer. »Wenn Sie es zerstören, müssen Sie ausziehen!« Doch so wichtig körperliche Gesundheit auch ist, geistliches Wohlbefinden ist noch wichtiger. Sie können nicht tun, wozu Gott Sie berufen hat, ohne sich täglich Zeit zu nehmen, dieses »Haus« zu pflegen. Deshalb können Sie als Mutter nichts Besseres für Ihre Familie tun, als sich jeden Tag Zeit für die Gemeinschaft mit Gott zu nehmen. (In den folgenden Kapiteln sprechen wir ausführlicher darüber.)

Ich weiß, das ist nicht leicht. Ich weiß, Ihre Kinder fordern ständig Ihre volle Aufmerksamkeit. Aber Sie können ihnen nur die Aufmerksamkeit geben, die sie wirklich brauchen, wenn Sie Ihre Beziehung zum Herrn an die erste Stelle setzen.

Eine Mutter aus Texas, die kürzlich ihre Geschichte erzählte, würde dem von ganzem Herzen zustimmen. Vor 30 Jahren beschloss sie, dass es ihren Kindern viel besser gehen würde, wenn sie die erste Stunde ihres Tages Gott widmen würde. Damals hatte sie bereits ein sehr volles Tagesprogramm. Sie hatte ein Kind im Kindergarten, eines in der Grundschule und ein Stiefkind in der weiterführenden Schule. Sie arbeitete in Vollzeit und lehrte in der Sonntagsschule. Außerdem war ihr Mann häufig unterwegs und die meisten Arbeiten im Haushalt blieben ihr überlassen.

Der einzige Ort, den sie in ihrem Haus finden konnte, um mit Gott allein zu sein, war ihr begehbarer Kleiderschrank. Deshalb ging sie jeden Morgen mit der Bibel in der Hand in den Schrank, um zu beten. Weil der Teufel uns nirgendwo mehr angreift als im Hinblick auf unsere persönliche Zeit mit Gott, ist es nicht überraschend, was als Nächstes passierte. Ein Rohr unter dem Schrank bekam einen Riss, weshalb sich der Teppich auf dem Fußboden langsam mit Wasser vollsaugte. Obwohl ihr Vermieter Wochen ins Land gehen ließ, bis er das Leck reparierte, gab diese Mutter nicht auf. Sie breitete einfach eine große Plastikmülltüte über den triefenden Teppich und betete weiter.

Als sie mit diesen Gebetszeiten anfing, war es recht chaotisch um ihre Familie bestellt. Finanzielle Engpässe und der Stress der Patchworksituation ließen sie selbst gehetzt und ungeduldig sein. Keines der Kinder interessierte sich für Gott, die älteren gerieten langsam in ernsthafte Probleme. Aber nach und nach begannen sich die Dinge zu ändern. Während diese Mutter Zeit damit verbrachte, Gottes Liebe für sich selbst zu empfangen, wurde die Atmosphäre in ihrem Haus wärmer und freundlicher. Sie selbst wurde geduldiger und fröhlicher. Obwohl sie noch immer alles andere als perfekt war, machte die neue Liebe, die die Kinder in ihrer Mutter sahen, tiefen Eindruck auf sie. Bald darauf folgten sie alle Jesus nach und liebten ihn von ganzem Herzen.

Sie tun es bis heute. Sie folgen dem Beispiel ihrer Mutter und erziehen ihre eigenen Kinder nach Gottes Willen. Wenn diese Mutter heute sonntags in die Gemeinde geht und den Pastor auf der Kanzel ansieht, ist sie besonders froh, dass sie all die Stunden in der Gemeinschaft mit Gott verbracht und seine Liebe aufgenommen hat … denn ihr jetziger Pastor ist ihr Sohn.

Zahllose Mütter überall im Land und auf dem ganzen Erdball haben ähnliche Geschichten zu erzählen. Jede von ihnen würde Ihnen zweifellos versichern, dass Sie sich nicht schuldig fühlen sollten, wenn Sie von Ihrem vollen Tagesplan Zeit abzweigen, um mit dem Herrn allein zu sein und seine Liebe aufzunehmen. Es ist die wertvollste Investition in Ihre Familie, die Sie je machen können.

Ein übernatürlicher Kreislauf

Ich mag den Begriff *Investition*, denn er steht für einen Kreislauf von Einsatz, Ertrag und stetigem Wachstum. So ist es mit dem Kreislauf der Liebe Gottes: Er investierte seine Liebe in Sie, indem er Jesus sandte. Wenn Sie nun Zeit investieren, seine Liebe zu empfangen und ihn wiederzulieben, dann wächst die Liebe in Ihnen. Sie beginnen sich selbst anders zu sehen und sind besser in der Lage, sich *selbst* zu lieben. (Das ist etwas Gutes! Jesus hat gesagt, wir sollen unseren Nächsten lieben wie uns selbst, oder etwa nicht?) Sie haben auch mehr Liebe, die Sie weitergeben können. Weil Gottes Liebe reichlich in Ihnen wohnt, können Sie die Menschen in Ihrem Umfeld lieben, wie Jesus es tut.

In 1. Johannes 4,10.16-17 hört sich das so an:

> *Hierin ist die Liebe: Nicht dass wir Gott geliebt haben, sondern dass er uns geliebt und seinen Sohn gesandt hat als eine Sühnung für unsere Sünden. … Und wir haben erkannt und geglaubt die Liebe, die Gott zu uns hat. Gott ist Liebe, und wer in der Liebe bleibt, bleibt in Gott und Gott bleibt in ihm. Hierin ist die Liebe bei uns vollendet worden, dass wir Freimütigkeit haben am Tag des Gerichts, denn wie er ist, sind auch wir in dieser Welt.*

Wenn Sie in diesem Liebeskreislauf leben und Ihr Sohn schmeißt beim Ballspielen eine Scheibe ein oder Ihre Tochter verschüttet Nagellack auf dem Teppich, dann brauchen Sie nicht wie ein Dampfkochtopf zu explodieren. Sie können etwas ganz anderes tun.

Sie können die Liebe Gottes, die in Ihnen ist, fließen lassen und Frieden in die Situation bringen. Sie können die nötige Korrektur vornehmen, ohne es aus Zorn zu übertreiben. Sie können so übernatürlich geduldig und freundlich sein, dass Ihre Kinder denken werden: »Wow, Mama … Was ist denn mit dir passiert?«

Geben Sie sich selbst also die Erlaubnis, wie der Jünger Johannes zu sein. Er machte es sich so sehr zur Gewohnheit, Jesus nahezukommen, dass er sich selbst als *den Jünger, den Jesus liebte* bezeichnete (Johannes 13,23). Und deshalb war er derjenige, der beim letzten Mahl an der Brust Jesu lehnte.

Jede Mutter braucht Zeit für sich, in der sie sich an Jesus anlehnen kann. Wir alle müssen unser Herz immer wieder mit der Offenbarung erfüllen lassen, dass wir von Gott in aller Tiefe und Herzlichkeit geliebt werden. Egal wie beschäftigt Sie sind, Sie bilden keine Ausnahme. Auch Sie müssen täglich daran erinnert werden:

- Gott hat Sie so sehr geliebt, dass er seinen eingeborenen Sohn gab, damit Sie an ihn glauben können und nicht verloren gehen, sondern ewiges Leben haben (Johannes 3,16).
- Jesus liebt Sie, so wie der Vater ihn liebt (Johannes 15,9).

- Niemand hat größere Liebe als die, dass er sein Leben für seine Freunde hingibt (Johannes 15,13) – und genau das hat Jesus für Sie getan!
- Ihr himmlischer Vater liebt Sie zärtlich, nicht weil Sie alles perfekt machen, sondern weil Sie Jesus lieben und glauben, dass er vom Vater kam (Johannes 16,27).
- Der Vater liebt Sie so sehr, wie er Jesus liebt (Johannes 17,23).
- Gott erweist seine Liebe zu Ihnen darin, dass Christus für Sie gestorben ist, als Sie noch ein Sünder waren (Römer 5,8).
- Nichts wird Sie je von der Liebe Gottes, die in Christus Jesus, unserem Herrn, ist, trennen können (Römer 8,38-39).
- Der Vater hat eine solch unglaubliche Liebe zu Ihnen, dass Sie Kind Gottes heißen und es auch sind (1. Johannes 3,1).

Dies sind nur einige wenige Bibelstellen, die davon handeln, wie sehr Gott Sie liebt. Ich möchte Sie ermutigen, auf Basis dieser Verse ein eigenes Studium hinsichtlich der Liebe Gottes zu beginnen. Nehmen Sie sich ein wenig Zeit, um in Gottes Wort einzutauchen und Jesus nahezukommen. Lehnen Sie sich an seine Schulter und sagen Sie: »Hier bin ich, Herr. Einmal volltanken, bitte.«

Wenn wir Gottes Liebe
in das Leben unserer Kinder ausgießen wollen,
müssen wir sie erst selbst empfangen.

KAPITEL 5

Den Spiegel nicht aus dem Auge verlieren

Was würde Jesus tun?

Vor einigen Jahren hörte und las man diese Frage sehr häufig. Anscheinend wurde überall überlegt, was Jesus tun würde. Viele Menschen hatten sogar Armbänder und Autoaufkleber mit den Anfangsbuchstaben WWJD (What Would Jesus Do). Inzwischen hört man nicht mehr so viel davon, aber bei der Arbeit an diesem Buch fiel mir auf, dass es eine großartige Frage für christliche Mütter ist. Sie fasst tatsächlich das meiste von dem zusammen, was wir wissen müssen.

Wenn sich unsere Kinder schlecht benehmen und keine unserer Maßnahmen greift, müssen wir wissen, was Jesus tun würde, um die Dinge wieder in den Griff zu bekommen. Wenn unsere Nerven schon blank liegen und eins der Kinder noch darauf herumtrampelt, müssen wir wissen, was Jesus tun würde, um nicht den Verstand zu verlieren. Wenn wir auf die Gefahren ringsumher sehen und uns Sorgen machen, ob Gott unsere Kleinen beschützt, oder uns fragen, wie wir ihnen ein gutes Vorbild sein können, müssen wir wissen, was Jesus an unserer Stelle tun würde.

Überlegen Sie sich einmal, was für ein wunderbarer Vater Jesus sein würde!

- Er würde auf seine Fähigkeit, angemessen zu disziplinieren, vertrauen, weil er die Weisheit Gottes hat.
- Er wäre immer geduldig, weil er voll der Frucht des Heiligen Geistes ist.
- Er würde immer auf Gottes Schutz vertrauen, weil er aus Glauben lebt.
- Er wäre rund um die Uhr ein gutes Vorbild, weil er das vollkommene Abbild Gottes ist.

»Ja«, sagen Sie nun vielleicht, »das stimmt und bei Jesus ist das natürlich so. Aber ich wüsste nicht, wie mir das helfen kann. Ich habe nun einmal nicht diese wunderbaren Eigenschaften, die er hat. *Ich bin nicht wie er!*«

Doch.

Sind Sie.

Sie haben Jesus als Ihren Erlöser angenommen. Deshalb tragen Sie alles in sich, was er ist und was er hat. Durch das Wunder der Wiedergeburt lebt er jetzt in Ihrem Inneren. Das ist nicht nur meine Meinung. Das steht so im Neuen Testament:

> *Denn ihr seid wiedergeboren nicht aus vergänglichem Samen, sondern aus unvergänglichem, durch das lebendige und bleibende Wort Gottes.*
>
> 1. Petrus 1,23

> *Wer aber dem Herrn anhängt, ist ein Geist mit ihm.*
>
> 1. Korinther 6,17

> *Sie sind Teilhaber der göttlichen Natur geworden.*
>
> 2. Petrus 1,4

> *Sie sind aus dem Geist geboren. … Die Frucht des [Heiligen] Geistes aber ist: Liebe, Freude, Friede, Langmut, Freundlichkeit, Güte, Treue, Sanftmut, Enthaltsamkeit.*
>
> Johannes 3,8; Galater 5,22-23

> *Sie haben Christi Sinn.*
>
> 1. Korinther 2,16

> *Denn in ihm wohnt die ganze Fülle der Gottheit leibhaftig; und ihr seid in ihm zur Fülle gebracht [in Christus seid auch ihr mit der Dreieinigkeit – Vater, Sohn und Heiliger Geist – erfüllt und erreicht die geistliche Fülle].*
>
> Kolosser 2,9-10

Ich kann mir vorstellen, was Sie denken: »Wenn das alles auf mich zutreffen soll, warum habe ich dann noch so viele Schwierigkeiten? Und warum lande ich so oft an dem Punkt, dass ich tue, was Jesus gerade **eben nicht** tun würde?«

Weil der Teil von Ihnen, der wie Jesus ist – Ihr Geist –, in Ihrem Inneren verborgen ist. Er ist sozusagen in Ihrer Seele und Ihrem Körper eingewickelt. (Erinnern Sie sich immer an diese wichtigen Punkte: Sie *sind* ein Geist, Sie *haben* eine Seele und Sie *leben in* einem Körper.) Ihre Seele und Ihr Körper sind nicht – wie Ihr Geist bei der Wiedergeburt – neu gemacht worden. Sie sind noch nicht in das Bild Jesu verwandelt. Im Lauf der Zeit müssen sie transformiert (vollständig verändert) werden, bis sie mit Ihrem wahren Ich, das in Ihnen ist, konform sind und es widerspiegeln.

Diese Veränderung kann ein herausfordernder Prozess sein. Zunächst einmal ist es wichtig zu glauben, dass man Gottes Wesen in sich trägt. Was man glaubt, bestimmt, wie man lebt. Deshalb ist es von großer Bedeutung, was Sie glauben. Zweitens: Vergessen Sie nicht, dass Veränderung ein Prozess ist. Feiern Sie Ihre Erfolge, auch wenn sie klein sind – sehen Sie, wie sehr Sie geistlich schon gewachsen sind. Zerbrechen Sie sich nicht den Kopf darüber, wie weit der Weg vor Ihnen wohl noch sein mag. Wir werden bis ans Ende unseres Lebens mit dem Heiligen Geist zusammenarbeiten und lernen, wie wir uns seinem Willen unterordnen statt nach unserer eigenen emotionalen und verbohrten Weise zu leben. Wir können das Tempo auf dem Weg allerdings ein bisschen beschleunigen, indem wir etwas tun, worin wir Frauen normalerweise ganz gut sind: in den Spiegel sehen – und zwar *oft!*

Zwei lebensverändernde Erkenntnisse

Bevor Sie allzu begeistert werden, lassen Sie mich das erklären. Ich rede nicht davon, in so einen Spiegel zu sehen, der über

Ihrem Waschbecken im Bad hängt. Der würde Ihnen nicht dabei helfen, Jesus ähnlicher zu werden. Wenn es so wäre, wären die meisten von uns schon superheilig, weil wir zahllose Stunden vor solchen Spiegeln zubringen. Das gilt jedenfalls für mich. So wie Sie mich im Fernsehen oder auf der Konferenzbühne sehen, sehe ich nicht aus, wenn ich aus dem Bett steige.

Jeden Morgen verwende ich Zeit darauf, Taschen voller Make-up zu durchforsten, Cremes auf mein Gesicht zu tupfen und mein Haar mit allen möglichen Sprays zu besprühen. In der Öffentlichkeit sehe ich gerne so gut wie möglich aus, deshalb ist der Badezimmerspiegel ein sehr wichtiges Alltagswerkzeug für mich.

Ich habe aber noch einen anderen Spiegel, der mir viel wichtiger ist. Es ist ein geistlicher Spiegel, der nicht nur Einfluss auf mein Aussehen genommen hat, sondern auch auf meine Lebensweise. Es ist ein Spiegel, der mich von innen her verändert und mir ein ganz neues Leben gegeben hat.

Falls Sie es sich noch nicht gedacht haben: Ich spreche vom Spiegel des Wortes Gottes.

Leider lebte ich jahrelang als Mutter und als Christ, ohne diesen Spiegel entdeckt zu haben. Klar las ich manchmal in der Bibel. Es gab sogar Zeiten, in denen ich ein Kapitel pro Tag las. Aber das tat ich aus dem Gefühl einer religiösen Verpflichtung heraus. Ich dachte, ich würde es für Gott machen und ich könnte damit bei ihm Pluspunkte sammeln. Irgendwann rückte der Herr dann meine Perspektive zurecht. Er sagte: »Joyce, es hilft nicht *mir*, wenn du die Bibel liest. Es hilft *dir!*«

Wie genau hilft uns das Wort Gottes?

Es wirkt auf viele unterschiedliche Weisen, aber wenn wir an das Wort Gottes herangehen wie an einen Spiegel, dann verändert es uns durch die Offenbarung von zwei Dingen: Zuerst einmal zeigt es uns, wer wir in Christus sind. Es öffnet uns die Augen für unsere wahre geistliche Identität. Zweitens zeigt es uns, welche Veränderungen wir durch Gottes Gnade an unserer

Einstellung und unserem Handeln vornehmen müssen. Dann kann unser Äußeres mehr und mehr mit unserem Inneren übereinstimmen. Es offenbart uns also, wie wir gemäß der Absicht Gottes leben sollen.

Wenn Sie je mit Ihren Kindern den Disney-Zeichentrickfilm *Tarzan* gesehen haben, dann kennen Sie eine gute Illustration für die Wirkung einer solchen Offenbarung. (Ja, ich weiß, Tarzan war kein Christ, aber das ist jetzt nicht wichtig.) Überlegen Sie einmal, was in diesem Film passiert ist. Am Anfang starben Tarzans Eltern und er verlor die Verbindung zu seiner Identität. Die Gorillas im Dschungel kümmerten sich um ihn und zogen ihn wie einen der Ihren auf. Das hatte zur Folge, dass er sich mit ihnen identifizierte und sich wie sie verhielt.

Irgendwann begegneten ihm menschliche Wesen und sein Leben begann sich zu ändern. Je mehr er sah, wie Menschen lebten und wie sie sich verhielten, desto mehr sah er sich selbst in ihnen. Nun begriff er, dass er überhaupt kein Gorilla war! Er gehörte zu einer ganz anderen Spezies und konnte ein völlig anderes Leben führen. Entsprechend begann er sich anders zu verhalten. Er begann, aus seiner wahren Identität heraus zu leben. Statt sich wie ein Gorilla zu benehmen, begann er, wie ein Mensch zu handeln!

In gewisser Hinsicht geschieht genau das, wenn Christen in das Wort Gottes sehen. Weil Jesus das fleischgewordene Wort ist, sehen wir ihn auf jeder Seite der Bibel (siehe Johannes 1,14). Wir sehen, wer er ist, wie er denkt und wie er handelt. In ihm sehen wir, als wer wir wiedergeboren wurden. In diesem Prozess merken wir immer mehr, dass es tatsächlich wahr ist, was die Bibel über uns sagt!

> *Daher, wenn jemand in Christus [dem Messias] ist, so ist er eine neue Schöpfung [eine neue Kreatur]; das Alte [frühere Werte und geistliche Einstellung] ist vergangen, siehe, Neues ist geworden.*
>
> 2. Korinther 5,17

Wir alle aber schauen mit aufgedecktem Angesicht die Herrlichkeit des Herrn an und werden so verwandelt in dasselbe Bild von Herrlichkeit zu Herrlichkeit, wie es vom Herrn, dem Geist, geschieht.

2. Korinther 3,18

Nie mehr im Dunkeln herumtappen

Ich persönlich schaue mir liebend gern an, wie ich im Wort aussehe! Dann fühle ich mich gut. Und ich weiß, was ich bekennen darf, wenn ich mich bereits beim Aufwachen an Fehler vom Vortag erinnere. Habe ich in den Spiegel des Wortes Gottes gesehen, muss ich mir nicht wieder die Decke über den Kopf ziehen und mich verstecken, wenn mir die Anschuldigungen vom Feind oder Verdammnisgefühle zu schaffen machen. Zu wissen, wer ich in Christus bin, lässt mich morgens mit Zuversicht und Freude aufstehen! Je zuversichtlicher wir als Mütter sind, desto mehr Zuversicht werden wir unseren Kindern mitgeben können.

Außerdem sehe ich gerne in das Wort Gottes, weil es mir zu erkennen hilft, wo ich etwas falsch gemacht habe. Es wirft Licht in die dunklen Bereiche meines Lebens, in denen ich verwirrt bin und Weisheit brauche. Bereiche, in denen ich Dinge umgestoßen und in Unordnung gebracht habe, weil mir Licht fehlte und ich in die Irre ging.

Manche Christen haben vor solch einer Art Licht Angst. Sie denken, vom Wort Gottes korrigiert zu werden, wäre etwas Negatives. Aber das ist es nicht! Es ist wie der prüfende Blick in einen Spiegel, der zeigt, dass man einen Milchbart oder einen Rest Spinat zwischen den Zähnen hat. Man fühlt sich vielleicht kurz peinlich berührt, ist aber dennoch froh, in den Spiegel gesehen zu haben. Sonst wäre man ja den ganzen Tag mit einem Milchbart herumgelaufen.

Ich weiß, wie das ist. Bevor ich anfing, das Wort Gottes zu studieren, wusste ich jahrelang nicht, in welch chaotischem Zustand ich mich befand. Ich dachte, alle anderen wären das Problem. Ich dachte, mein Leben wäre miserabel, weil Dave sich ändern müsste … oder meine Kinder sich ändern müssten … oder weil wir ein größeres Haus oder mehr Geld bräuchten. Ich war auf das geistliche Licht des Wortes Gottes angewiesen, um zu erkennen, dass die größte Veränderung, die in meinem Leben geschehen musste, die Veränderung in *mir* war.

Gott sei Dank für sein Wort! Im Wort Gottes ist Leben, Licht und lebensverändernde Kraft. Es hat mein Dasein vollkommen revolutioniert.

Dasselbe kann auch in Ihrem Leben geschehen. Gottes Wort kann Ihnen nicht nur helfen, eine tolle Mutter zu sein, es wird Ihnen auch sagen, was Sie wissen müssen, um in jedem Bereich Ihres Lebens siegreich zu sein. Das ist der Grund, weshalb Gott in Josua 1,8 Folgendes sagte:

> *Dieses Buch des Gesetzes soll nicht von deinem Mund weichen, und du sollst Tag und Nacht darüber nachsinnen, damit du darauf achtest, nach alledem zu handeln, was darin geschrieben ist; denn dann wirst du auf deinen Wegen zum Ziel gelangen, und dann wirst du Erfolg haben.*

Als diese Worte geschrieben wurden, war der einzige Teil von Gottes Wort, den die Menschen lesen konnten, das *Buch des Gesetzes*, bestehend aus den ersten fünf Büchern des Alten Testaments. Heute haben wir den Rest des Alten und außerdem das Neue Testament. Wenn Josua mit dem Bruchteil des Wortes Gottes, das ihm zur Verfügung stand, weise und erfolgreich handeln konnte, dann überlegen Sie einmal, was wir mit allem, was uns zur Verfügung steht, tun können!

Mir geschehe, Herr, nach deinem Wort

Um ein Beispiel für eine Mutter zu finden, die von der Wunder wirkenden Kraft des Wortes Gottes verwandelt wurde, müssen Sie sich nur einmal Maria, die Mutter Jesu, vor Augen halten. Sie wurde von Grund auf verändert, indem sie in den Spiegel des Wortes sah. Sie war ein normales Teenagermädchen, das ganz gewöhnlich lebte, als der Engel Gabriel ihr erschien und sagte:

> *Sei gegrüßt, Begnadete! Der Herr ist mit dir. … Denn du hast Gnade bei Gott gefunden. Und siehe, du wirst schwanger werden und einen Sohn gebären, und du sollst seinen Namen Jesus nennen. Dieser wird groß sein und Sohn des Höchsten genannt werden.*
>
> Lukas 1,28.30-32

Dieses Wort von Gott, so wunderbar es war, schien gar nicht zu Marias Situation zu passen. Sie war keine Berühmtheit. Die Bibel berichtet nichts über irgendwelche spektakulären Erfahrungen, die ihr das Gefühl gegeben hätten, besonders in Gottes Gnade zu stehen.

Darüber hinaus war sie eine Jungfrau. Sie hatte also allen Grund, zu Gabriel zu sagen: »Tut mir leid, Herr Engel, aber Sie sind wohl bei der falschen Adresse gelandet. Es fällt mir schwer zu erkennen, wie dieses Wort Gottes auf mich zutreffen könnte.«

Aber so reagierte Maria nicht. Sie zweifelte Gottes Wort nicht an, sondern sie glaubte es. Sie sah in seinen Spiegel, passte ihr Bild von sich selbst an und sagte: *Siehe, ich bin die Magd des Herrn; es geschehe mir nach deinem Wort!* (Lukas 1,38).

So etwas können auch Sie aussprechen, wenn Sie lesen, was die Bibel über Sie sagt!

Wenn Sie zum Beispiel in 1. Johannes 3,9 (NLB) lesen: *Wer zu Gott gehört, sündigt nicht, weil Gottes Leben in ihm ist. Deshalb kann er nicht mehr sündigen, denn er ist von Gott geboren*, können Sie sagen: »Das ist die Wahrheit über mich! Gottes Leben ist in mir. Ich muss meiner Ungeduld oder irgendeiner anderen Sünde nicht mehr nachgeben. Ich kann so geduldig und ausgeglichen mit meinen Kindern umgehen, wie Jesus selbst es tun würde, denn sein Leben ist in mir. Mir geschehe nach deinem Wort, Herr!«

»Aber, Joyce«, widersprechen Sie nun vielleicht, »das habe ich versucht. Es hat nicht funktioniert. Zwei Stunden nachdem ich das ausgesprochen hatte, kamen die Kinder schreiend und mit Matschschuhen durchs Haus gerannt und ich bin explodiert und habe sie ausgeschimpft. Ich kann mich einfach nicht ändern!«

Sicher können Sie das.

Aber dazu müssen Sie sich erinnern, dass die Veränderung durch das Wort Gottes ein Prozess ist. Jesus hat nicht gesagt, dass man völlig verändert wird, wenn man ein, zweimal ein paar Bibelstellen liest. Er sagte: *Wenn ihr in meinem Wort* ***bleibt,*** *so seid ihr wahrhaft meine Jünger; und ihr werdet die Wahrheit erkennen, und die Wahrheit wird euch frei machen* (Johannes 8,31-32).

Sehen Sie sich noch einmal an, was mit Maria geschah. Die Verheißung Gottes entwickelte sich in ihrem Inneren. Nach außen hin sah sie noch eine Weile völlig unverändert aus. Es brauchte eine gewisse Zeit, bis der göttliche Same in ihr wuchs und sich zu etwas entwickelte, das der Rest der Welt sehen konnte.

Als Mütter sollten wir das besser als alle anderen verstehen. Wir wissen ganz genau, wie es ist, schwanger zu sein, noch ohne dass es jemand mitbekommt. Wir haben in unserem eigenen Körper das unsichtbare innere Flattern von kürzlich empfangenem neuen Leben verspürt. In den Monaten, in denen es noch in uns verborgen war, zweifelten wir nicht an der Existenz unseres ungeborenen Babys. Wir waren nicht entmutigt, nur weil es sich noch nicht in der Welt gezeigt hatte.

Nein, wir vertrauten einfach dem Prozess. Wir freuten uns und glaubten, dass das kleine Wesen in uns, solange wir es mit allem versorgten, was es zum Wachsen und Wohlergehen brauchte, schließlich ein strampelndes, lächelndes, wunderbares Baby werden würde, das wir tatsächlich im Arm halten könnten.

Das ist die Einstellung, die Sie gegenüber dem Samen des Wortes Gottes haben sollten. Es enthält Gottes Kraft. So wie ein Same in der Natur die Fähigkeit hat, das Leben, das in ihm verborgen ist, zu reproduzieren, so hat Gottes Wort die Fähigkeit, in Ihnen Gottes Leben, Charakter und Wesen hervorzubringen. *Denn das Wort Gottes ist lebendig und wirksam* (Hebräer 4,12). Es wird Ihnen die Kraft geben, zu sein und zu tun, was immer es über Sie sagt.

Seien Sie also nicht entmutigt, nur weil Sie sich nicht über Nacht ändern. Hören Sie auf damit, sich über sich selbst zu ärgern und Ihre Zeit bei jedem Fehler mit Versagensgefühlen zu verschwenden. Bleiben Sie dran! Begießen Sie Ihren Geist täglich mit dem Wasser des Wortes Gottes. Sehen Sie weiterhin in den Spiegel Gottes und sagen Sie: »Herr, mir geschehe nach deinem Wort.«

Es wird nicht lange dauern, bis sich das, was sich in Ihrem Inneren entwickelt, auch nach außen hin zeigt. Mehr und mehr werden Sie genau das für Ihre Familie tun können, was Jesus tun würde.

KAPITEL 6

Pause machen … und glauben

Mütter haben wohl einen der anstrengendsten Jobs auf Erden. Wie die meisten Mütter fand ich das heraus, nachdem mein erstes Baby geboren war. Mit jedem weiteren Kind wurde diese Tatsache nur noch offensichtlicher.

Ich kann mich sehr lebhaft an die Zeit erinnern, als meine kleine Tochter Koliken hatte und wochenlang jede Nacht schrie. Ich brauchte so dringend Schlaf, dass ich den Arzt anrief und ihm ein Ultimatum setzte: »Entweder geben Sie mir etwas, was dieses Kind ruhigstellt, oder Sie können mich in die Irrenanstalt einliefern: *Ich kann nicht mehr!*«

Zweifellos wissen Sie, wovon ich rede.

Selbst wenn Sie nicht über Jahre hinweg ununterbrochen eine Wiege oder Fläschchen im Haus hatten, erleben Sie als Mutter immer wieder Tage, an denen Sie vollkommen erschöpft sind von alledem, was Sie zu tun haben. Tage, an denen Sie so viel von sich gegeben haben, dass Sie meinen, nichts mehr geben zu können. Tage, an denen die Anforderungen an das Muttersein Ihre körperlichen und emotionalen Ressourcen derart aufbrauchen, dass Sie davon träumen, in den Urlaub zu fahren. Irgendwohin weit weg. Ganz allein. Ich habe mich ein paarmal im Leben so gefühlt, dass ich am liebsten von zu Hause weggelaufen wäre. Ihnen wird es bestimmt auch schon so ergangen sein.

Wir alle haben solche Tage – keine Mutter ist davon ausgenommen. Ob wir berufstätig sind oder nicht, verheiratet oder alleinstehend, ob unser Bankkonto überzogen oder wohlgefüllt ist, wir alle sind manchmal erschöpft.

Erschöpft sein wird so definiert: »Kraft und Durchhaltevermögen sind verbraucht, Stärke oder Frische verloren, innere

Ressourcen abhandengekommen.« Es bedeutet, dass man keine Freude mehr hat an dem, was man tut.

Es bedeutet auch, dass man sich auf gefährlichem Terrain befindet.

Ich habe entdeckt – und Sie wahrscheinlich auch –, dass ich meine Emotionen nicht mehr im Griff habe und schlechte Launen bekomme, wenn ich allzu ausgelaugt bin. Dann treffe ich meist auch schlechte Entscheidungen. Ich bin versucht zu viel zu essen und zu viel Geld auszugeben. Ich bemitleide mich selbst und neige dazu, Versuchungen nicht zu widerstehen.

Kein Wunder, dass die Bibel sagt, der Teufel setzt alles daran, die Heiligen »aufzureiben« (Daniel 7,25)! Wenn wir kraftlos, ausgelaugt und abgekämpft sind, uns kaum auf den Beinen halten können, sind wir leichte Beute für den Teufel. Um die Art von Mutter zu sein, die wir sein wollen, können wir uns eine derartige Erschöpfung also nicht leisten. Wir müssen darauf achten, dass wir jeden Tag ausgeruht und erfrischt sind.

Im Urlaub leben

Ich kann fast hören, wie Sie jetzt lachen. »Prima, Joyce, das mache ich. Sobald ich mich müde fühle, hebe ich einfach etwas von dem Geld ab, das ich im Lotto gewonnen habe, überlasse die Kinder Mary Poppins und verschwinde für ein paar Tage in die Karibik! Ich lege mich in eine Hängematte und lasse es mir mit einem Drink aus der Kokosnuss gut gehen!«

Wenn Sie so denken, dann versichere ich Ihnen: So meine ich das nicht. Mir ist klar, dass Sie nicht buchstäblich jedes Mal Urlaub machen können, wenn Sie erschöpft sind. Wahrscheinlich bleibt Ihnen nicht einmal Zeit für ein Nickerchen. Aber es gibt etwas, was Sie dennoch tun können. Sie können Jesus beim Wort nehmen, der in Matthäus 11,28-29 dieses Angebot macht:

Kommt her zu mir, alle ihr Mühseligen und Beladenen! Und ich werde euch Ruhe geben. [Ich werde eure Seelen beruhigen, entlasten und erfrischen.] Nehmt auf euch mein Joch, und lernt von mir! Denn ich bin sanftmütig und von Herzen demütig, und »ihr werdet Ruhe [Erleichterung, Mühelosigkeit, Erfrischung, Erholung und wunderbare Stille] finden für eure Seelen.«

Denken Sie einen Moment über die Ausdrücke nach, die Jesus in diesen Versen verwendet. In der *Amplified Bible* werden diese Begriffe, wonach sich jede erschöpfte Mutter sehnt, perfekt beschrieben: *Ruhe, Erleichterung, Mühelosigkeit, Erfrischung, Erholung und wunderbare Stille.*

Ich weiß nicht, was Ihnen in den Sinn kommt, wenn Sie diese Begriffe lesen, aber für mich klingt das nach einem perfekten Urlaub. Und genau davon spricht Jesus hier. Er verspricht uns einen Urlaub – nicht für den Körper, sondern für die Seele!

Stellen Sie sich vor, jeden Tag mit einer Seele zu leben, die sich im Urlaub befindet. Stellen Sie sich vor, wie Sie Ihre Kinder erziehen, Ihren Haushalt managen, sich um Büro und Geschäft kümmern und all die anderen Dinge erledigen – alles an einem Ort der übernatürlichen Ruhe. So, sagte Jesus, könnten wir leben.

Ich meine damit nicht, dass er uns ein störungsfreies Leben versprochen hat. Das hat er nicht. Was er sagte, war, dass uns die Schwierigkeiten des Lebens nicht mehr auslaugen müssen. Wir können mit ihm in Verbindung treten und ihn die Last tragen lassen.

Stellen Sie sich zwei Ochsen in einem Joch vor. Der eine ist schwach und der andere unendlich stark. Der schwache braucht sich nicht zu überanstrengen. Er braucht sich nicht zu sorgen, dass die Arbeit zu hart oder die Last zu schwer ist. Er muss nur im Gleichschritt bleiben und die unendliche Stärke seines Jochgenossen für ihn das tun lassen, was er nicht tun kann.

Hebräer 4 stellt diese Art von Leben als das Eintreten in die Ruhe Gottes dar. Hier heißt es, dies sei Gottes Wille für uns alle. Aber leider erleben nur wenige Christen diese Ruhe kontinuierlich. Die meisten stellen sich zwar im Moment ihrer Erlösung unter das Joch Jesu, nehmen es dann aber wieder ab und versuchen, die Last des Lebens allein zu ziehen.

Als Mütter machen wir diesen Fehler sehr oft. Sie wissen schon, was ich meine: Wir sind zum Beispiel besorgt, dass unser Kind nicht beliebt genug ist. Deshalb arbeiten wir bis zum Umfallen daran, Partys auszurichten und jedes Kind in der Stadt einzuladen. Wir machen uns Gedanken darüber, dass sich unsere Teenager minderwertig fühlen, wenn sie keine Designerkleidung tragen. Deshalb überziehen wir unser Konto und erlauben ihnen, sich nach allen Regeln der Kunst aufzutakeln. Wir fürchten vielleicht, dass unsere Kinder einen Mangel verspüren, weil wir außer Haus arbeiten müssen. Dann geben wir allen ihren Forderungen nach und sagen nie Nein. Die ganze Zeit über, während wir uns selbst bis zur Erschöpfung ausbeuten, sagt der Herr:

> *Hast du es nicht erkannt, oder hast du es nicht gehört? Ein ewiger Gott ist der Herr, der Schöpfer der Enden der Erde. Er ermüdet nicht und ermattet nicht, unergründlich ist seine Einsicht. Er gibt dem Müden Kraft und dem Ohnmächtigen mehrt er die Stärke. Jünglinge ermüden und ermatten, und junge Männer straucheln und stürzen. Aber die auf den Herrn hoffen [ihn erwarten, nach ihm Ausschau halten], gewinnen neue Kraft; sie heben die Schwingen empor wie die Adler, sie laufen und ermatten nicht, sie gehen und ermüden nicht.*
>
> Jesaja 40,28-31

Es ist, wie es ist!

Wenn Sie ein paar praktische Geheimnisse herausfinden möchten, wie man seine Seele im Urlaub sein lässt, dann sollten Sie diese Verse etwas genauer studieren. Sie sagen uns nicht einfach nur, dass wir nicht müde und matt werden sollen. Sie sagen uns ganz genau, was wir tun können, um übernatürlich ausgeruht und erfrischt zu bleiben.

Vers 28 zum Beispiel erinnert uns daran, dass sich Gottes Einsicht nie ausloten lässt. Er weiß unendlich viel mehr als wir. Das wird sich auch nie ändern. Wir können ihm alle unsere Probleme anvertrauen, die für uns zu schwierig sind, und ihm die schlimmen Umstände überlassen, auf die wir keinen Einfluss haben.

Ich gebe offen zu, dass es mir schwerfiel, das zu lernen. Jahrelang fragte ich: »Warum, Gott, warum?« oder: »Wann, Gott, wann?« Ich verschwendete enorm viel geistige und emotionale Energie in dem Bemühen, Menschen und Situationen, die sich meiner Kontrolle entzogen, zurechtzubringen. Es war so ermüdend! Aber irgendwann wurde mir klar, dass eigentlich nicht die Menschen und Umstände mich auslaugten, sondern die negative Haltung, die ich ihnen gegenüber hatte. Ich frage andere oft: »Was ist Ihr eigentliches Problem? Sind es Ihre Umstände oder ist es Ihre Einstellung?« Viele Jahre lang war eindeutig meine Einstellung mein Problem.

Das war die schlechte Nachricht. Aber dann entdeckte ich die gute Nachricht: Ich kann mich jederzeit, wann immer ich will, von diesen negativen Haltungen beurlauben lassen. Dazu muss ich nur aufhören, mich abzustrampeln und mich über die Schwierigkeiten des Lebens zu ärgern. Ich kann mich inmitten meiner Umstände entscheiden, dem Herrn zu vertrauen. Dazu muss ich nur die Haltung einnehmen: *Es ist, wie es ist* … und mit Gottes Hilfe kann ich tun, was ich tun muss.

Verstehen Sie mich nicht falsch; ich sage nicht, dass wir passiv bleiben und die Werke des Teufels akzeptieren sollten. Ich bin überzeugt, Gott möchte, dass wir ein gutes Leben haben, erfüllt von Frieden und Freude. Er möchte, dass wir gesegnet sind und unsere Bedürfnisse befriedigt werden. Der Teufel kommt nur um zu stehlen, zu töten und zu zerstören. Wir sollten ihm widerstehen. Gott hat uns aber nicht von jeder herausfordernden Situation und von allen schwierigen Menschen erlöst. Im Gegenteil, oft lässt er diese in unserem Leben zu. Dies geschieht nur mit einer einzigen Absicht: sie zu unserem Besten zu gebrauchen (siehe Römer 8,28).

Wenn wir das erst einmal verstanden haben, können wir viel erfrischter leben. Unsere Seele kann fröhlich in einer Hängematte des Vertrauens ausruhen, egal was um uns herum geschieht – solange wir uns der Wahrheit von Römer 8,28 gewiss sind: *Wir wissen aber, dass denen, die Gott lieben, alle Dinge zum Guten mitwirken, denen, die nach seinem Vorsatz berufen sind.*

»Ich kann mir aber nicht vorstellen, wie Gott aus meinen Problemen jemals etwas Gutes machen wird!«, sagen Sie vielleicht. »Ich wünschte nur, er würde mir sagen, was er vorhat.«

Ich verstehe Sie. Manchmal geht es mir ähnlich. Ich habe aber festgestellt, dass Gott mir selten sagt, wie seine Pläne im Einzelnen aussehen. Er will, dass ich ihm vertraue. Er will, dass ich sage – auch wenn ich nicht verstehe oder wenn das Leben unfair zu sein scheint oder wenn ich solche Schmerzen habe, dass ich sie kaum aushalte: »Herr, du weißt alles. Du hast dieses Problem schon gelöst, bevor ich es überhaupt hatte. Ich weiß zwar nicht, was du vorhast, aber ich glaube, dass du mich liebst. Und ich weiß, du wirst etwas Gutes tun. Deshalb werde ich mich nicht sorgen oder ängstigen. Ich werde in dir ruhen.«

Zwei mächtig kluge Jungen

Wenn Sie je das Gefühl haben, Sie könnten sich einfach nicht zurücklehnen und Gott vertrauen, dann denken Sie an Sonya Carson. Sie ist eine Mutter, die einen schwierigeren Start ins

Leben hatte, als die meisten von uns sich überhaupt vorstellen können.

Als eines von vierundzwanzig Kindern wuchs sie in einer Atmosphäre der Armut und des Missbrauchs auf. Im Alter von dreizehn Jahren heiratete sie in der Hoffnung auf ein besseres Leben einen viel älteren Mann. Nachdem sie zwei Söhne geboren hatte, fand sie heraus, dass er noch eine andere Frau und eine andere Familie hatte. Sonya blieb nichts anderes übrig, als sich scheiden zu lassen und ihre zehn und acht Jahre alten Jungen allein aufzuziehen.

Als schwarze Frau in den 1960er-Jahren, die nur drei Jahre lang die Schule besucht hatte, war Sonya auf das, was das Leben ihr zugedacht hatte, absolut nicht vorbereitet. In den Jahren nach ihrer Scheidung kämpfte sie daher auch gegen Verwirrung und tiefe Depressionen. Immer wenn es zu viel für sie wurde, schickte sie Curtis und Ben für ein paar Wochen zu Freunden oder Nachbarn. Sie arrangierte alles so, dass die Jungen während ihrer Abwesenheit viel Spaß hatten. Sie sollten nie herausfinden, dass ihre Mutter diese Wochen unbemerkt in einer psychiatrischen Anstalt verbrachte und dort versuchte, so weit wiederhergestellt zu werden, dass sie tun konnte, was sie zu tun hatte.

Glücklicherweise war Sonya Carson ausreichend tapfer und klug, um Hilfe zu erbitten, als sie sie brauchte – zunächst von anderen Menschen, schließlich aber auch von Gott. So dauerte es nicht allzu lange, bis sie diese verborgenen Zeiten der Abwesenheit nicht mehr brauchte. Sie wurde tatsächlich so stark und hoffnungsvoll, dass nichts sie erschüttern konnte. Nicht die wenigen Vorräte in der Kammer. Nicht die Rassenvorurteile, die ihren Jungen in der Schule zu schaffen machten. Nicht die Tatsache, dass sie manchmal drei Arbeitsstellen gleichzeitig hatte und für sehr wenig Lohn viel Zeit in den Familien reicher Leute verbrachte, während ihre eigenen Kinder allein zu Hause waren. Es konnte sie nicht einmal erschüttern, dass der kleine Ben ungenügende Noten nach Hause brachte und in der fünften

Klasse der schlechteste Schüler der Higgins Elementary School war.

Sonya ließ nicht zu, dass diese Dinge ihr das Gottvertrauen raubten. »Alles wird gut werden«, sagte sie zu Curtis und Ben. Sie glaubten es, weil ihre Mutter es so fest glaubte. Und wenn die Jungen mit der Mutter über ihre Schwierigkeiten sprachen, wies sie sie immer auf die Quelle ihres Glaubens hin. »Bittet einfach den Herrn«, sagte sie, »und er wird euch helfen.«

Als Ben erwachsen war, schrieb er über einen Morgen, an dem das Gottvertrauen seiner Mutter dabei half, den Kurs seines Lebensweges zu bestimmen. Wie so oft hatte er mit ihr einen Gottesdienst besucht. In der Predigt war es um die Mediziner gegangen, die als Missionare ins Ausland zogen und Menschen zu einem glücklicheren, gesünderen Leben verhalfen.

»›Genau das will ich machen‹, erklärte ich meiner Mutter auf dem Heimweg. ›Ich möchte Arzt werden. Kann ich das, Mutter?‹

›Bennie‹, sagte sie, ›hör mir genau zu.‹ Wir blieben stehen und Mutter schaute mir fest in die Augen. Dann legte sie die Hand auf meine Schulter und sagte: ›Wenn du den Herrn um etwas bittest und daran glaubst, dass er es tut, dann geschieht das auch.‹

›Ich glaube, dass ich Arzt werden kann.‹

›Dann, Bennie, wirst du ein Arzt sein.‹ Und wir gingen weiter.«[3]

Im Glauben, dass Gott ihren Söhnen helfen würde, die Schwierigkeiten, die sich vor ihnen auftürmten, zu überwinden, schränkte Sonya deren Fernsehkonsum ein, ließ sie zwei Bücher pro Woche lesen und einen Bericht darüber schreiben. Sie unterzeichnete die Arbeiten mit ihrem Okay und ließ nie durch-

---

3 Ben Carson M. D. und Cecil Murphey: *Begnadete Hände: Die Geschichte des bekannten Neurochirurgen Ben Carson.* 10. Auflage. Asslar: Gerth Medien, 2012.

blicken, dass sie sie überhaupt nicht lesen konnte. Und selbst als pessimistische Lehrer vor anderen ihre Zweifel an einer guten Zukunft für ihre Kinder äußerten, hörte Sonya nicht auf zu sagen: »Ich habe zwei kluge Jungs. Zwei mächtig kluge Jungs!«

Es überrascht nicht, dass ihre Worte sich bewahrheiteten. Curtis erzielte hervorragende akademische Leistungen und wurde Ingenieur. Ben machte einen Abschluss an der Yale University, studierte Medizin an der University of Michigan und wurde einer der bekanntesten Neurochirurgen der Welt. Berühmt wurde er als Leiter des Chirurgenteams, das eine der bahnbrechendsten Operationen erfolgreich durchführte: die Trennung von siamesischen Zwillingen, die am Kopf zusammengewachsen waren.

Richten Sie Ihre Schwingen nach oben

Wie konnte eine Mutter, deren Leben in solch tragischen Verhältnissen begann, es so triumphal wenden? Es gibt nur eine Erklärung. Sie hörte auf zu fragen: »Warum, Gott, warum?« und entschied sich zu glauben, dass Gott alles zu ihrem Besten wirken würde. Sie hörte auf, die Last ihrer Umstände allein tragen zu wollen. Sie stellte sich mit Jesus unter ein Joch. Sie entschied sich zu tun, was Jesaja 40 sagt: *auf den Herrn warten*.

Wenn ich sage, sie wartete auf den Herrn, heißt das eindeutig nicht, dass sie die Hände in den Schoß legte und nichts tat. Auf den Herrn zu warten bedeutet, im Glauben und voller Erwartung auf ihn zu sehen. Es bedeutet, sein Wort ernst zu nehmen und sich auf seine Treue zu verlassen, selbst wenn einem der Wind ins Gesicht bläst.

Jesaja vergleicht das mit dem Verhalten von Adlern im Sturm. Statt sich selbst aufzureiben, indem sie gegen die Winde ankämpfen, richten Adler ihre Schwingen fest nach oben und lassen sich vom Aufwind höher und höher tragen, bis sie eine

Höhe oberhalb des Sturms erreichen. Dort ruhen sie und überstehen den Sturm in Frieden.

Als Mütter können wir dasselbe tun. Wenn uns Turbulenzen zu schaffen machen und unsere Familie bedrohen, können wir mit den Verheißungen Gottes unsere Schwingen fest nach oben richten. Verheißungen wie …

- *Darum sage ich euch: Alles, um was ihr auch betet und bittet, glaubt, dass ihr es empfangen habt, und es wird euch werden.*

  Markus 11,24
- *Und alle deine Kinder werden von dem Herrn gelehrt, und der Friede deiner Kinder wird groß sein.*

  Jesaja 54,13
- *Halleluja! Glücklich der Mann, der den Herrn fürchtet, der große Freude an seinen Geboten hat! Seine Nachkommenschaft wird mächtig sein im Land. Das Geschlecht der Aufrichtigen wird gesegnet werden.*

  Psalm 112,1-2
- *Nie sah ich einen Gerechten verlassen, noch seine Nachkommen um Brot betteln.*

  Psalm 37,25
- *In der Furcht des Herrn liegt ein starkes Vertrauen, auch seine Kinder haben eine Zuflucht.*

  Sprüche 14,26
- *Wer in seiner Lauterkeit als Gerechter lebt – glücklich [gesegnet, beneidenswert] seine Kinder nach ihm!*

  Sprüche 20,7
- *Denn du hast gesagt: »Der Herr ist meine Zuflucht!«; du hast den Höchsten zu deiner Wohnung gesetzt; so begegnet dir kein Unglück, und keine Plage naht deinem Zelt.*

  Psalm 91,9-10
- *Die Gnade des Herrn aber währt von Ewigkeit zu Ewigkeit über denen, die ihn fürchten, seine Gerechtigkeit bis zu den Kindeskindern.*

  Psalm 103,17

Ich möchte hier nichts vergeistlichen. Jede Mutter erlebt Zeiten körperlicher Erschöpfung, in denen sie mehr als alles andere praktische Unterstützung benötigt. Jemand muss den Müll rausbringen, den Abwasch machen oder die Wäsche sortieren. Wenn Sie diese Art von Hilfe brauchen, dann bitten Sie darum. Lassen Sie Ihre Kinder mit anpacken. Sie mögen es nicht auf die Weise erledigen, wie Sie es tun würden, aber es ist besser, unvollkommene Hilfe zu haben als gar keine.

Wenn jedoch nicht Ihr Körper, sondern Ihre Seele erschöpft ist, dann machen Sie eine geistliche Erholungspause. Verbringen Sie ein paar Minuten im Urlaub mit Jesus. Nehmen Sie sich Ihre Bibel und nutzen Sie die Minuten, die Sie finden können, um zum Thron der Gnade zu gehen. Heben Sie mit den Verheißungen Gottes Ihre geistlichen Schwingen hoch und steigen Sie zu ihm auf mit Flügeln wie ein Adler.

Erheben Sie sich über den Sturm und ruhen Sie dort aus, wo Sie dem Herrn nahe sind.

KAPITEL 7

Keine Angst!

Wenn Sie mich nach dem einen, bedeutendsten Schlüssel für ein langes Leben fragen, würde ich sagen, es ist das Vermeiden von Sorgen … Und wenn Sie mich nicht fragen würden, müsste ich es dennoch sagen.
George Burns

Von allen Lügen, die der Teufel christlichen Müttern im Lauf der Jahre unterjubeln konnte, ist diese Lüge eine der gefährlichsten: *Alle Mütter machen sich Sorgen um ihre Kinder.*

Für viele Mütter ist diese Lüge eine unanfechtbare Tatsache. Sie akzeptieren Sorgen nicht nur als etwas, was unvermeidlich dazugehört, wenn man Kinder hat, sondern fast als eine Tugend. Sie brauchen nur ein paar Artikel oder Gedichte über Mütter zu lesen, dann werden Sie schnell verstehen, warum das so ist. Darin wird die Vorstellung, dass aus der Liebe einer Mutter ein Zustand beständiger Ängstlichkeit resultiert, oft regelrecht auf ein Podest gehoben. Wie es in einem Gedicht heißt, das als Lob der unaufhörlich besorgten Mutter verfasst wurde:

»Die Sorge einer Mutter hört nie auf. Sie entwickelt sich und wächst und tritt immer wieder neu zutage.«

Bitte, glauben Sie das nicht. Es entspricht nicht der Aussage der Bibel. Im Gegenteil, in der Bibel werden wir 365 Mal aufgefordert: *Fürchte dich nicht!* Das ist einmal für jeden Tag des Jahres. Und nirgends in der Schrift ist eine Fußnote hinzugefügt: *Für Mütter gilt dieses Gebot nicht.*

Allerdings verhalten wir uns oft so, als gäbe es jede Menge solcher Fußnoten. Wir denken: »Gott weiß, dass uns unsere Kinder so sehr am Herzen liegen, dass wir gar nicht anders können, als uns um sie zu ängstigen. Wenn wir uns also Sorgen machen, hat er dafür Verständnis.«

Jesus sagt nie, wir sollten uns Sorgen machen. Er findet das auch nicht gut. Ein Vater, der das bestätigen kann, ist Jaïrus. Jaïrus kam zu Jesus und bat um Hilfe, als er in einer der schlimmsten Krisen steckte, die Eltern erleben können: Seine kleine Tochter lag im Sterben. Ihr Zustand war so kritisch und er war derart verzweifelt um Hilfe bemüht, dass er sich vor Jesu Füßen zu Boden warf und ihn anflehte: »... *Mein Töchterchen liegt in den letzten Zügen. Komm und lege ihr die Hände auf, damit sie gerettet wird und lebt!*« (Markus 5,23).

Wenn Sie diese Geschichte kennen, wissen Sie, was daraufhin geschah. Jesus erhörte Jaïrus' glaubensstarke Bitte und machte sich sofort auf, mit ihm nach Hause zu gehen. Aber bevor sie dort ankamen, fand eine unerwartete Unterbrechung statt. Eine Frau, die seit zwölf Jahren krank gewesen war, kämpfte sich durch die Menge, die Jesus folgte, berührte den Saum seines Gewandes und war auf der Stelle geheilt.

> *Und sogleich erkannte Jesus in sich selbst die Kraft, die von ihm ausgegangen war, wandte sich um in der Volksmenge und sprach: Wer hat mein Gewand angerührt? Und seine Jünger sagten zu ihm: Du siehst, dass die Volksmenge dich drängt, und du sprichst: Wer hat mich angerührt? Und er blickte umher, um die zu sehen, die dies getan hatte. Die Frau aber fürchtete sich und zitterte, da sie wusste, was ihr geschehen war, kam und fiel vor ihm nieder und sagte ihm die ganze Wahrheit.*
>
> Markus 5,30-33

Die Bibel sagt nicht, wie lange diese Frau brauchte, um Jesus »die ganze Wahrheit« zu sagen. Aber wenn sie wie die meisten Frauen, die ich kenne, war, dann wird ihre Beschreibung von zwölf Jahren mit einer schlimmen Krankheit wohl eine ganze Weile gedauert haben. Währenddessen stand Jaïrus wie auf glühenden Kohlen und dachte bei sich: »Gute Frau, meine Tochter liegt im Sterben! Jede Sekunde zählt! Bitte ... bitte! ... Beeil dich!«

Trotz dieser Unterbrechung schaffte es Jaïrus offensichtlich, an seinem Glauben festzuhalten ... bis es noch schlimmer kam. Von seinem Haus eilten ein paar Leute herbei und überbrachten ihm die Nachricht: *Deine Tochter ist gestorben; was bemühst du den Lehrer noch?* (Vers 35). Wenn jemand für seine Angst und Sorge Nachsicht fordern könnte, dann ja wohl Jaïrus! Er hatte soeben die denkbar schlechteste Nachricht erhalten. Und doch sagte Jesus, der mitgehört hatte, klar und deutlich:

Fürchte dich nicht; glaube nur!

Markus 5,36

Warum gab Jesus Jaïrus diese scheinbar unrealistische Anweisung? Warum war es ihm so wichtig, dass Jaïrus gerade in dieser Situation seines Lebens der Angst widerstand?

Weil Jesus wusste, was die meisten Leute (sogar die meisten Christen) nicht wissen: Genau wie uns der Glaube einen Zugang zu Gottes Plan für unser Leben verschafft, so kann uns Angst davon trennen und uns mit dem Plan des Teufels in Verbindung bringen.

Hiob 3,25: *Denn das Schreckliche, das ich befürchtet habe, ist über mich gekommen, und wovor mir graute, das hat mich getroffen* (SLT). Jesus wollte nicht, dass Jaïrus das passierte. Er wollte nicht, dass die Tür für ein Wunder, die Jaïrus' Glaube geöffnet hatte, von der Angst wieder zugeschlagen würde.

Das ist die Wendung, die diese Geschichte fast genommen hätte. Aber dank des Glaubens von Jaïrus und der Macht Jesu kam es nicht so weit!

Jaïrus' Tochter wurde geheilt, weil ihr Vater sich für Glauben und gegen Furcht entschied. Er bewies, dass wir selbst in Zeiten, in denen unsere Elterngefühle vor Schmerz nur noch schreien können, die Möglichkeit haben, Jesus zu gehorchen. Wir können die Tür zu Gottes Bestem für unsere Kinder offenhalten, indem wir uns entscheiden zu glauben und keine Furcht zu haben!

Trinken Sie das Gift nicht

Bevor Sie jetzt allzu alarmiert sind (und Angst auf die Liste der Dinge setzen, um die Sie sich Sorgen machen), will ich Ihnen sagen, dass die Bibel nicht lehrt, dass jede kleine Sorge, die Sie in Bezug auf Ihre Kinder haben, Realität werden wird. Das ist nicht wahr. Obwohl der Teufel sehr ähnlich durch Angst wirkt wie Gott durch Glauben, ist er nicht annähernd so mächtig wie Gott. Deshalb konnte er nur das über Hiob bringen, wovor diesem »graute«.

Wenngleich kleine Besorgnisse nicht dasselbe sind wie gewaltige Ängste, öffnen diese Dinge der Angst in Ihrem Leben die Tür. Sie kennen das sicherlich aus eigener Erfahrung, aber lassen Sie mich einige der Auswirkungen von Besorgnissen nennen. Sie können

- sich mit Befürchtungen hinsichtlich der Zukunft beschäftigen und Ihnen die Freude am Heute rauben.
- Ihre Begeisterung für das Leben nehmen und Ihre Tage mit ängstlichen Gedanken und Vorahnungen verfinstern … *Ein Unglücklicher hat lauter böse Tage* (Sprüche 15,15; SLT).
- Ihre Zeit verschwenden. (Hat es Ihnen jemals irgendwie geholfen, dass Sie sich Sorgen machten? Nein!) *Wer aber unter euch kann mit Sorgen seiner Lebenslänge eine Elle zusetzen?* (Matthäus 6,27).
- Sie krank machen. (Ärzte sagen, dass mindestens 51 Krankheiten in direkten Zusammenhang mit Sorgen und Stress gebracht werden können!)
- Sie gedanklich und emotional quälen. (Tatsächlich lässt sich »Sorge« definieren als »sich selbst mit beunruhigenden Gedanken quälen«!)

Darüber hinaus drücken Sorgen auch Ungehorsam gegenüber Gottes Gebot aus. Es ist eine Sünde. Um eine zuversichtliche Mutter zu sein, müssen Sie also mit der Angewohnheit brechen, sich Sorgen zu machen!

Nun mögen Sie denken: »Aber manche Sorge um meine Kinder ist sehr real. Ich kann das nicht einfach ignorieren.«

Natürlich können Sie das nicht. Aber was Sie tun können, ist, die folgenden Anweisungen in Philipper 4,6-8 befolgen:

Macht euch um nichts Sorgen! Wendet euch vielmehr in jeder Lage mit Bitten und Flehen und voll Dankbarkeit an Gott und bringt eure Anliegen vor ihn. Dann wird der Frieden Gottes, der alles Verstehen übersteigt, über euren Gedanken wachen und euch in eurem Innersten bewahren – euch, die ihr mit Jesus Christus verbunden seid. Und noch etwas, Geschwister: Richtet eure Gedanken ganz auf die Dinge, die wahr und achtenswert, gerecht, rein und unanstößig sind und allgemeine Zustimmung verdienen; beschäftigt euch mit dem, was vorbildlich ist und zu Recht gelobt wird (NGÜ).

Haben Sie auf den letzten Satz geachtet? Es heißt, wir können unser Denken auf Gottes Wort ausrichten, statt auf unsere Sorgen. Wir können die Verheißungen Gottes verinnerlichen, uns durch den Kopf gehen lassen und sie immer wieder über unserem Leben und dem Leben unserer Kinder aussprechen. Das ist Meditation! Oft sagen mir Leute, dass sie nicht wissen, wie sie über dem Wort Gottes meditieren sollen. Aber sie irren sich. Wir alle wissen, wie wir über dem Wort Gottes meditieren können, weil wir es – mit negativem Vorzeichen – bereits tun! Wir hören auf Sorgen und Ängste und denken darüber nach, bis wir sie glauben, sie aussprechen und dann entsprechend handeln.

Ich habe das jahrelang gemacht, ohne mir dessen bewusst zu sein. Bevor ich das Wort Gottes studierte, kam es mir nie in den Sinn, dass hinter meinen negativen Gedanken der Feind stecken könnte. Ich ging davon aus, dass sie in mir selbst zustande kamen. Deshalb ließ ich mich auf jeden Gedanken ein, der mir in den Sinn kam. Wenn ich meinte, mir über etwas Sorgen machen zu müssen, dachte ich: »O, diese Situation könnte sich richtig übel entwickeln! Sie könnte mein ganzes Leben ruinieren!« Und schon gingen meine Gedanken in eine andere Richtung. Damals wusste ich nicht, dass der Teufel es sehr gut beherrscht, uns Dinge einzureden. Er lässt uns tatsächlich Gedanken durch den Kopf schießen, sodass wir sie akzeptieren und darüber meditieren.

Aber schließlich fand ich den Schlüssel, indem ich das Wort Gottes studierte! Ich erkannte, dass angstbesetzte Gedanken wie Gift vom Teufel sind. Er wird es uns immer anbieten. Aber nur weil er es uns anbietet, müssen wir es nicht trinken. Stattdessen können wir tun, was uns in 2. Timotheus 2,23 geraten wird: *Aber die törichten und ungereimten Streitfragen weise ab, da du weißt, dass sie Streitigkeiten erzeugen!* Wir können sagen: »Nein! Ich werde mir keine Sorgen machen. Ich entscheide mich, über Gottes Wort nachzudenken und seinen Verheißungen zu glauben.«

Ich will noch ein bisschen deutlicher werden. Wir *können* nicht nur so sprechen, wir *sollten* es sogar tun. Warum? Weil es unmöglich ist, das eine zu denken und gleichzeitig etwas anderes zu sagen. Deshalb werden wir unsere sorgenvollen Gedanken am besten los, indem wir das Wort Gottes aussprechen.

»Aber ich fühle mich albern, wenn ich zu mir selbst rede!«

Ja, zunächst werden Sie sich vermutlich albern fühlen. Bei mir war es jedenfalls so. Aber ich habe mich entschieden, mich lieber ein bisschen albern zu *fühlen*, als ein Leben in Unterlegenheit und Verzweiflung zu führen. Ich kümmerte mich also nicht weiter um meinen Stolz und begann mehrmals täglich Gottes Wort laut über meinem Leben auszusprechen.

Manchmal musste ich mich sogar aus den Sorgen herausreden, während ich mich auf eine Predigt vorbereitete – raten Sie, über welches Thema: darüber, dass wir uns keine Sorgen machen sollen! Ich erinnere mich an eine bestimmte Situation, als mir etwas sehr zu schaffen machte. Aus irgendeinem Grund wurde ich ängstlich und traurig. In dem Moment, als mir das klarwurde, machte ich den Mund auf und verfuhr gemäß Philipper 4,6. Ich sagte: »Herr, ich kann nichts an dieser Situation ändern. Deshalb gebe ich sie jetzt an dich ab. Bitte kümmere du dich darum und ich danke dir im Voraus, dass du es tust.« Dann sang ich dem Herrn Loblieder, bis ich ohne Sorgen auf die Bühne treten konnte.

Handeln Sie im Glauben, Ihre Gefühle werden folgen

Normalerweise haben Mütter relativ unbedeutende Sorgen. Da geht es um Dinge wie Sauberkeitserziehung, Schmollen, schlechte Zensuren und Pubertät. Wenn wir es dann jedoch mit einer anderen Größenordnung zu tun bekommen, dürfen wir wissen, dass dieselben Glaubensüberzeugungen, die wir zum Bekämpfen der kleinsten Sorgen verwenden, auch Riesensorgen vertreiben können.

David bewies das, als er mit Goliat kämpfte.

Was den meisten nicht klar ist: Dieser Kampf war in erster Linie ein Kampf mit Worten. Goliat begann mit Aussagen, die die gesamte israelitische Armee und schließlich auch David in Angst und Schrecken versetzen sollten. Er sagte zum Beispiel: *Komm her zu mir, dass ich dein Fleisch den Vögeln des Himmels und den Tieren des Feldes gebe!* (1. Samuel 17,44). Hört sich das nicht erschreckend an?

Allen schlotterten die Knie bei diesen Worten, aber David weigerte sich, Angst zu haben. Er erhob lieber seine Stimme und stellte sich dem Kampf:

> *Du kommst zu mir mit Schwert, Lanze und Kurzschwert. Ich aber komme zu dir mit dem Namen des Herrn der Heerscharen,*

des Gottes der Schlachtreihen Israels, den du verhöhnt hast. Heute wird der Herr dich in meine Hand ausliefern, und ich werde dich erschlagen und dir den Kopf abhauen. Und die Leichen des Heeres der Philister werde ich heute noch den Vögeln des Himmels und den wilden Tieren der Erde geben. Und die ganze Erde soll erkennen, dass Israel einen Gott hat. Und diese ganze Versammlung soll erkennen, dass der Herr nicht durch Schwert oder Speer rettet. Denn des Herrn ist der Kampf, und er wird euch in unsere Hand geben!

1. Samuel 17,45-47

Solches Reden hasst der Teufel. Egal ob ein israelitischer Hirtenjunge so spricht oder eine christliche Mutter, er hasst es, wenn Gläubige verbal das »Schwert des Geistes« schwingen, welches das Wort Gottes ist. Und wenn man bedenkt, wie Goliat endete, ist das auch gut verständlich.

Selbst ein einziger glaubensvoller Satz kann einen bösen, teuflischen Plan völlig zunichtemachen.

Ich kenne eine Mutter, die das in dramatischer Weise demonstrierte. Vor einigen Jahren erkrankte ihre elfjährige Tochter lebensgefährlich an einer Hirnhautentzündung.

Es war Weihnachten. Die Eltern brachten das Kind so schnell wie möglich ins Krankenhaus, wo sie informiert wurden, dass eine Epidemie dieser Krankheit grassierte. Mehrere Kinder waren bereits gestorben. »Ihre Tochter ist der schlimmste Fall, den wir bislang zu sehen bekommen haben«, sagte der Arzt.

Das war für diese Mutter der »Jaïrus«-Moment. Aber sie war bereit.

Als Kind einer glaubensstarken Pastorenfamilie wusste sie, dass zu Gottes Erlösungsplan für sie und ihre Kinder auch Heilung gehörte. Sie wusste und glaubte: *Durch seine Striemen ist uns Heilung geworden* (Jesaja 53,5). Und als ihre Schwester – auch eine Mutter, die auf die Bibel vertraute – durch die Tür der Notaufnahme kam, ergriff sie die Gelegenheit, ihrem Glauben Ausdruck zu verleihen. Sie biss die Zähne zusammen gegen die Emotionen, die sie zu überwältigen drohten, sah ihrer Schwester in die Augen und sagte:

»ICH ... WERDE ... MICH ... *NICHT* ... FÜRCHTEN!«

Beachten Sie, dass sie nicht sagte, sie würde sich nicht ängstlich fühlen. Tatsächlich sagte sie überhaupt nichts über ihre Gefühle, denn Emotionen müssen unsere Entscheidungen nicht bestimmen.

Sich ängstlich zu *fühlen*, bedeutet nicht, ängstlich zu *sein*. Wir können im Glauben auf Gottes Wort Stellung beziehen und der Angst widerstehen, indem wir ihr weder durch Worte noch durch Taten Raum geben. Wenn wir das tun, werden unsere Gefühle irgendwann mit unserer Entscheidung gleichziehen.

Ich weiß nicht, wie lange das bei dieser Mutter dauerte. Vielleicht nur ein paar Minuten. Vielleicht musste sie sie aber auch in all der Stunden, in denen sie und ihre Familie für die Situation beteten und Gottes Wort aussprachen, ignorieren. Wie auch immer. Ich bin sicher, am nächsten Tag hatten sich ihre Emotionen wieder völlig eingependelt, als ihre Tochter, die über Stunden nicht hatte sprechen können, aufrecht im Bett saß und ihrem Großvater, der neben ihrem Krankenbett stand, laut zurief:

»Opa, ich bin im Namen Jesu geheilt!«

Ist das nicht wunderbar? Dieses kleine Mädchen, so jung und krank es auch war, sprach das Wort Gottes aus, sie folgte ganz dem Beispiel ihrer Mutter! Nicht dem Beispiel aus dem Wartezimmer der Notaufnahme vor etlichen Stunden – das hatte sie überhaupt nicht mitbekommen –, sondern dem Beispiel, das sie ihr Leben lang immer wieder an ihrer Mutter beobachtet hatte, wenn diese sich für Glauben statt Sorgen entschieden hatte.

Ich sagte es bereits, aber ich will es noch einmal sagen: Alles, was Sie konsequent tun, werden Ihre Kinder auch lernen zu tun.

Wenn Sie sich ständig der Sorge unterwerfen, werden auch Ihre Kinder dazu neigen, sich mit beunruhigenden Gedanken zu quälen. Wenn Sie sich hingegen entscheiden, sowohl zu glauben als auch Gottes Wort auszusprechen und ihren Kindern ein Vorbild an Furchtlosigkeit zu sein, werden sie viel eher das Leben genießen, das Schwert des Wortes Gottes führen und Auseinandersetzungen gewinnen.

Das geschah auch in jener Situation. Die ersten Glaubensworte der Mutter waren wie der Stein, der Goliat niederstreckte. Die Worte der Tochter wurden zum Schwert, das ihm den Kopf abhieb. Sobald sie ausgesprochen waren, besserte sich ihr Gesundheitszustand. Der Sieg war errungen.

Yes, You Can!

Wenn Sie sich schon seit Jahren Sorgen machen, fragen Sie sich vielleicht gerade, ob es Ihnen je möglich sein wird, damit aufzuhören. Sie sind sich nicht sicher, ob Sie überhaupt auch nur sagen könnten, wie die Mutter in der Beispielgeschichte: »Ich werde mich nicht fürchten!«

Aber ich versichere Ihnen, das können Sie.

Wie kann ich mir da so sicher sein? Weil Gott uns nie dazu auffordern würde, etwas zu tun, ohne uns auch die Fähigkeit dafür zu geben. So ist schon die Tatsache, dass er uns in der Bibel sagt, wir sollen uns nicht fürchten, Beweis genug, dass er uns die Kraft dazu gegeben hat.

Darüber hinaus heißt es in 1. Johannes 4,17, dass wir, wie Jesus, *in dieser Welt sind.* Das heißt, wir brauchen nicht zu warten, bis wir sterben und in den Himmel kommen, um ihm ähnlich zu sein. Wir können direkt hier und jetzt wie er leben. Denken Sie, dass Jesus Angst hat? Denken Sie, er ringt die Hände und weiß angesichts der Finsternis und der Gefahren in dieser Welt nicht ein noch aus? Denken Sie, er macht sich Sorgen, ob er dem allen wohl gewachsen ist?

Natürlich nicht!

Jesus macht sich keine Sorgen, er ist voller Frieden. Und wenn er Frieden hat, dann können auch wir Frieden haben. Wie er sagte (Johannes 14,27):

> *Frieden lasse ich euch, meinen Frieden gebe ich euch; nicht wie die Welt gibt, gebe ich euch. Euer Herz werde nicht bestürzt, sei auch nicht furchtsam. [Gesteht euch nicht länger zu, aufgewühlt und verstört zu sein, erlaubt euch nicht, ängstlich und eingeschüchtert und feige und unstet zu sein.]*

Der Friede von Jesus selbst steht Ihnen jederzeit zur Verfügung, rund um die Uhr. Entscheiden Sie sich also wie Jaïrus und denken Sie daran: *Legt alle eure Sorgen bei ihm ab, denn er sorgt für euch* (1. Petrus 5,7; NGÜ).

Haben Sie keine Angst. Glauben Sie nur.

Jesus macht sich keine Sorgen,
er ist voller Frieden.
Und wenn er Frieden hat,
dann können auch wir Frieden haben.

KAPITEL 8

Kann mir bitte jemand helfen?

Es wäre so viel leichter, Kinder großzuziehen, wenn Gott uns Müttern eine Universalerziehungsstrategie gegeben hätte. Das Muttersein wäre dann deutlich bequemer. Wir müssten unsere elterlichen Entscheidungen niemals anzweifeln. Wir müssten nachts nicht wach im Bett liegen und uns fragen, ob wir zu streng oder zu nachgiebig waren. Wir hätten nie Momente, in denen wir uns die Haare raufen, weil wir *dieses Kind einfach nicht verstehen können!*

Stattdessen hätten wir ein Handbuch zur Verfügung, könnten Schritt für Schritt den Anweisungen folgen und – siehe da! – alles würde sich genau so gestalten, wie Gott es beabsichtigt hat.

O wie einfach das doch wäre!

Leider läuft das so nicht. Gott gibt Müttern generelle Richtlinien und unveränderliche biblische Wahrheiten, die uns in die richtige Richtung weisen. Doch jedes Kind ist einzigartig und braucht eine auf seine eigene Persönlichkeit abgestimmte Fürsorge und Erziehung. Jedes hat eine einzigartige Kombination von Charaktereigenschaften, Talenten und Neigungen. Jedes muss sich durch andere Umstände hindurchnavigieren. Und jedes hat seine eigene Berufung von Gott. Wir müssen all diese Dinge in Betracht ziehen und jedem unserer Kinder auf eine Weise Mutter sein, die ihnen dabei hilft, zu den Menschen zu werden, die Gott sich gedacht hat.

Das klingt ja wie *Mission Impossible!* Kein Wunder, dass so viele Mütter mit dem Schrei im Herzen herumlaufen: *Kann mir bitte jemand helfen?*

Auf die eine oder andere Weise stellen Mütter diese Frage seit Tausenden von Jahren. Es ist eine Frage, auf die Gott antwortet. Immer und immer wieder zeigt er in der Bibel: Wenn eine Mutter einen einzigartigen Plan für ein einzigartiges Kind in einer einzigartigen Situation braucht, kann Gott wie kein anderer helfen.

Nehmen Sie zum Beispiel den Entwicklungsplan, den er für Jochebeds Kind erstellte. Jochebed war Moses Mutter und sie befand sich in einer extrem ungewöhnlichen und höchst beunruhigenden Situation. Ihr Baby war von Gott zu Größe bestimmt. Gott hatte es ausersehen, das Volk Israel zu befreien und die Welt zu verändern. Aber als hebräischer Junge war er mit einem Todesurteil geboren worden. Gemäß dem Erlass des Pharao hatte jeder, der das Kind sah, die gesetzliche Pflicht, es sofort zu töten!

Jochebeds Aufgabe war es, ihren Sohn am Leben zu erhalten … und es gab keinen Menschen auf Erden, der ihr sagen konnte, wie sie das schaffen sollte. Keine Freunde, die sie fragen, keine Bücher, die sie lesen, keine Hotlines, die sie anrufen konnte.

Was tat sie also?

In den ersten drei Lebensmonaten versteckte sie ihr Baby vor aller Welt und dachte über ihre Lage nach. Als Nachfahrin Abrahams wird sie bestimmt auch Gott um Hilfe gebeten haben. So entwickelte sich in ihrem Denken ein Plan – ein Plan, der nie zuvor Anwendung gefunden hatte und auch nie wieder finden wird.

> *Und als sie ihn nicht länger verbergen konnte, nahm sie für ihn ein Kästchen aus Schilfrohr und verklebte es mit Asphalt und Pech, legte das Kind hinein und setzte es in das Schilf am Ufer des Nil. Seine Schwester aber stellte sich in einiger Entfernung hin, um zu erfahren, was mit ihm geschehen würde.*
>
> 2. Mose 2,3-4

Den meisten von uns kommen, wenn wir an das Baby Mose im Schilfkorb auf dem Fluss denken, Erinnerungen an Sonntagsschullektionen und Filzfiguren an der Tafel. Aber für Jochebed war dies keine biblische Geschichte. Es war ihr Leben. Es ging um ihr Baby! Und sie schob ihn nicht nur auf einer Luftmatratze im Swimmingpool umher, mit Schwimmflügeln an den Ärmchen. Sie setzte ihn den Gefahren des Nil aus. Ihr hilfloses Kleines überließ sie einem Gewässer, an dessen einem Ufer sich die Nilpferde suhlten und am anderen die Tochter des Pharao badete. Jochebed wusste nicht, von welcher dieser beiden Szenarien die tödlichere Gefahr ausging.

Können Sie sich vorstellen, wie Jochebed diese Überlebensstrategie den anderen Müttern in der Nachbarschaft erklären wollte? Es muss sich absurd angehört haben. »Das meinst du doch nicht ernst!«, hätten diese entsetzt gefragt. »Warum hast du den armen kleinen Kerl nicht einfach schnell und schmerzlos von Pharaos Soldaten töten lassen? Wäre das nicht menschlicher gewesen, als ihn da draußen zu lassen, wo er schließlich ertrinken oder von einem wilden Tier gefressen wird?«

Glücklicherweise musste Jochebed solche Konsequenzen nicht erleben. Ihr Plan – der Gottes Plan war – hatte Erfolg, bevor ihn irgendwer durchschaute. Ihr kleiner Junge hat nicht nur überlebt, er bekam auch die Gelegenheit, am Hof des Pharao aufzuwachsen. Erzogen und umgeben von der ägyptischen Elite bekam er die Ausbildung, die er brauchte, um in der Zukunft das zu erfüllen, was Gott für ihn im Sinn hatte.

Was das Beste war, jedenfalls aus Jochebeds Perspektive: Sie konnte mit ihm in den Palast gehen und seine Amme werden … aus *Mission Impossible* wurde *Mission Accomplished*, Auftrag ausgeführt!

Der Heilige Geist: Ihr größter Helfer

»Aber das war Moses Mutter!«, mögen Sie jetzt sagen. »Sie ist eine biblische Berühmtheit. Ich bin nur eine ganz gewöhnliche Mutter. Ich kann nicht erwarten, dass Gott mir hilft, wie er ihr geholfen hat.«

Warum nicht? Jesus sagte, der Geringste unter uns, die wir wiedergeboren wurden in Gottes Reich, ist größer als die größten Propheten (siehe Matthäus 11,11). Deshalb wird Gott alles, was er für Jochebed oder irgendeine andere Mutter in der Bibel tun würde, auch für Sie tun.

Das könnte allerdings auf andere Weise geschehen als bei den Müttern im Alten Testament. Weil Sie ein wiedergeborener Christ des Neuen Testaments sind, brauchen Sie keinen Engel, der Ihnen vom Himmel her erscheint und Ihnen eine Botschaft überbringt. Sie brauchen keine Stimme vom Himmel zu hören, die Ihnen laut und vernehmlich Anweisungen gibt. Sie brauchen keine Schrift an der Wand zu sehen. Sie haben den Heiligen Geist, der in Ihnen wohnt, um Sie zu leiten und ständig zu Ihnen zu sprechen.

Der Heilige Geist ist der größte Helfer, den Sie als Mutter je haben könnten!

Er versteht nicht nur die Persönlichkeiten und Begabungen Ihrer Kinder, er weiß auch, was ihre göttliche Bestimmung ist. Er weiß, welche Art von Ermutigung sie brauchen und welche Art von Disziplin bei ihnen Wirkung zeigt. Er kann Sie darauf hinweisen, wenn Ihre Kinder auf Schwierigkeiten zusteuern, und Ihnen zeigen, wie Sie damit umgehen sollen. Wenn Sie selbst Fehler machen, möchte er Ihnen dabei helfen, die Dinge wieder in Ordnung zu bringen. Der Geist Gottes wird Ihnen alles sagen, was Sie wissen müssen. Er wird Ihnen göttliche Weisheit für jede Situation schenken, in die Sie kommen, vierundzwanzig Stunden am Tag, sieben Tage die Woche.

Wir wissen, dass das so ist, weil Jesus es uns gesagt hat. Er hat nach seiner Kreuzigung und Auferstehung versprochen, dass der Heilige Geist kommen und für immer bei uns bleiben würde. *Ich werde euch nicht verwaist zurücklassen [ohne Trost, ohne Hoffnung, verloren, hilflos]*, sagte er. *Der Beistand aber [Ratgeber, Helfer, Fürsprecher, Anwalt, Stärke, Beistand], der Heilige Geist, den der Vater senden wird in meinem Namen, der wird*

- euch alles lehren und

- euch an alles erinnern, was ich euch gesagt habe,
- in enger Gemeinschaft mit euch sein und
- euch in alle Wahrheit leiten (Johannes 14,18.26; 16,7.13).

Also, wenn Jesus sagt, dass der Heilige Geist all das für uns tun wird, dann wird er es auch tun!

Wieso sieht es oft so aus, als würden sich viele Christen ganz allein abstrampeln? Warum ziehen wir nicht mehr Nutzen aus dem Dienst dieses Helfers, der uns gegeben ist?

Es liegt häufig daran, dass wir uns an Menschen wenden, um Antworten zu bekommen, und nicht an Gott. Das ist merkwürdig, wenn man bedenkt, dass andere Menschen sehr wenig wissen, der Herr aber alles weiß. Das tun wir jedoch aus einem bestimmten Grund: Wir vertrauen nicht darauf, dass wir wirklich die Stimme Gottes hören und seine Weisheit und Leitung erkennen können. In manchen Fällen wissen wir noch nicht einmal, dass das überhaupt möglich ist.

Dies ist für viele Christen ein großes Problem! Haben auch Sie damit zu kämpfen? Es gibt eine Lösung. Sie können Ihr Vertrauen auf Ihre Verbindung mit dem Heiligen Geist stärken, indem Sie Ihren Blick bewusst auf das richten, was die Bibel unter anderem in folgenden Versen sagt:

> Jesus sagte: *Meine Schafe hören meine Stimme, und ich kenne sie, und sie folgen mir* (Johannes 10,27). Deshalb kann ich die Leitung des Herrn erkennen. Ich kann ihm folgen!

> *… den Geist der Wahrheit, den die Welt nicht empfangen kann, weil sie ihn nicht sieht noch ihn kennt. Ihr kennt ihn, denn er bleibt bei euch und wird in euch sein* (Johannes 14,17). Ich kann den Geist Gottes kennen und erkennen, weil er in mir lebt!

> *Denn so viele durch den Geist Gottes geleitet werden, die sind Söhne Gottes* (Römer 8,14). Ich bin ein Kind Gottes, deshalb werde ich vom Geist geleitet!

> *Aber ihr habt den Heiligen Geist von Gott empfangen, und er lebt in euch, deshalb braucht ihr niemanden, der euch lehrt. Denn der Geist lehrt euch alles, und was er lehrt, ist wahr – es ist keine Lüge. Bleibt also bei dem, was er euch gelehrt hat, und lebt weiter mit Christus!* (1. Johannes 2,27; NLB). Der Heilige Geist wird mich lehren, was wahr ist!

Wenn Sie sowohl über solche Bibelstellen nachdenken als auch zum Ausdruck bringen, dass Sie daran glauben, werden Sie in Ihrer Beziehung mit Ihrem göttlichen Helfer wachsen. Sie werden mehr Glauben an die Wahrheit entwickeln – dass Sie als Christ vollkommen ausgerüstet sind mit allem, was Sie brauchen, um seine Stimme zu hören – und seinen Anweisungen dann gehorsam folgen.

Vergessen Sie nicht zu bitten

Ein weiterer Schlüssel, mit dem Sie sich die Weisheit erschließen, die Gott Ihnen und Ihren Kindern anbietet, ist dieser: Vergessen Sie nicht, ihn darum zu bitten. Erwarten Sie dann auch, dass er Ihre Bitte erhört. Im geschäftigen Alltag vergessen wir das manchmal. Doch es ist sehr wichtig; die Bibel ermuntert uns immer wieder dazu:

> *Wenn aber jemand von euch Weisheit mangelt, so bitte er Gott, der allen willig gibt und keine Vorwürfe macht, und sie wird ihm gegeben werden. Er bitte aber im Glauben, ohne irgend zu zweifeln; denn der Zweifler gleicht einer Meereswoge, die vom Wind bewegt und hin und her getrieben wird.*
>
> Jakobus 1,5-6

> *Und ich sage euch: Bittet, und es wird euch gegeben werden; sucht, und ihr werdet finden; klopft an, und es wird euch geöffnet werden! … Wenn nun ihr, die ihr böse seid, euren Kindern*

gute Gaben zu geben wisst, wie viel mehr wird der Vater, der vom Himmel gibt, den Heiligen Geist geben denen, die ihn bitten!

Lukas 11,9.13

Bitte um Verstand und Einsicht, und suche sie, wie du nach Silber suchen oder nach verborgenen Schätzen forschen würdest. Dann wirst du verstehen, was es heißt, den Herrn zu achten, und wirst die Erkenntnis Gottes gewinnen.

Sprüche 2,3-5 (NLB)

So einfach ist das: Bitten Sie Gott um Weisheit und vertrauen Sie darauf, dass er sie Ihnen geben wird. Angenommen Sie nehmen nicht sofort in dem Moment, in dem Sie beten, eine Veränderung wahr, dann hören Sie nicht auf zu glauben und in Ihrem Inneren nach dem Ausschau zu halten, was Gott Ihnen zeigt. Gottes Antwort wird immer kommen.

Wenn es dann so weit ist, müssen Sie sie natürlich »umarmen« (siehe Sprüche 4,8), um Nutzen daraus zu ziehen. Das ist nicht immer leicht, denn Gottes Weisheit fordert manchmal, dass wir aus unserer Wohlfühlzone heraustreten. Sehr wahrscheinlich müssen Sie sich nie so weit hervorwagen wie Jochebed.

Dennoch könnte es sein, dass Sie als christliche Mutter, die sich vom Heiligen Geist leiten lässt, herausgefordert werden, für Ihre Kinder Entscheidungen zu treffen, die andere Leute vielleicht nicht verstehen oder sogar kritisieren.

Ich erinnere mich an solch eine Situation. Es war zu der Zeit, als unser Sohn Danny ein Grundschulkind war. Ich hatte quasi schon seit seiner Geburt vorgehabt, ihn auf eine christliche Schule zu schicken. Meine Tochter besuchte seit Langem eine bestimmte christliche Schule und es ging ihr dort sehr gut. Als nun Danny das Schulalter erreichte, begann auch er diese Schule zu besuchen. Ich ging davon aus, dass die das Beste wäre.

Er kam in eine Klasse, in der ihn einige Mitschüler schikanierten. Seine schulischen Leistungen litten, nach und nach entstanden große Lücken. Die Lehrer versetzten ihn trotzdem immer in die nächste Klasse, aber er hatte solche Schwierigkeiten, dass es so nicht weitergehen konnte. Er bekam sogar Nachhilfeunterricht. Wir unternahmen alles, was uns einfiel, aber nichts funktionierte. In dieser Schule ging es ziemlich streng zu. Doch Dannys Persönlichkeit war dermaßen resistent gegenüber zu vielen Regeln und Beschränkungen. Er geriet ständig in Schwierigkeiten; bereits der Gedanke an den Schulbesuch war ihm zuwider.

Sie können sich denken, dass ich in dieser Situation wirklich Gottes Weisheit suchte. Nachdem ich eine Weile dafür gebetet hatte, gab er mir die Antwort. Es war nicht die Antwort, die ich hören wollte. Gott forderte Dave und mich auf, unseren Sohn in der öffentlichen Schule in unserer unmittelbaren Nachbarschaft anzumelden.

Das hätte ich so nicht entschieden, aber Gott führte uns entsprechend. Ich kann nur sagen, dass es nicht mein Plan war. Deshalb dauerte es eine Weile, bis ich diese Idee »umarmen« konnte – und zwar aus mehreren Gründen. Zum einen stand es im Gegensatz zu meiner persönlichen Meinung. Zum anderen machte ich mir Gedanken darüber, was mein Pastor und andere Leute über mich denken würden. Schließlich entschied ich mich aber, der Führung des Heiligen Geistes zu gehorchen, und meldete Danny in der öffentlichen Schule an. Die Schule hatte einige neue Ideen über Erziehung. Unter anderem wurde nicht von allen Kindern erwartet, dass sie auf die gleiche Weise lernten. Genau das war in unserer Situation wichtig. Unser Sohn war und ist wirklich prima, aber er lernte viel besser mit einem praktischen Ansatz als ausschließlich durch Bücher.

Als ich ihn zum ersten Mal in diese Schule brachte, weinte ich. Ich fühlte mich, als hätte ich als christliche Mutter versagt. Aber interessanterweise blühte Danny dort richtig auf. Er brachte gute Zensuren nach Hause. Obwohl er immer noch in gewissen Bereichen Schwierigkeiten hatte, wurden die Dinge mindestens zu 75 Prozent besser. Irgendwann sind wir wieder auf Privatunterricht umgestiegen, weil Danny auf diese Weise mit uns auf Reisen gehen konnte. Aber was ich damit sagen möchte, ist: Es kommt vor, dass der Heilige Geist uns anleitet, Dinge zu tun, die wir uns nicht aussuchen würden. Es mag manche Mutter unter Ihnen ermutigen, die mit den Schulproblemen ihres Kindes zu kämpfen hat, wenn ich Ihnen erzähle, dass Danny heute der Geschäftsführer von *Joyce Meyer Ministries* ist und wirklich großartige Arbeit leistet. Glauben Sie mir, selbst ein Kind, das mit organisierter Bildung Schwierigkeiten hat, kann dennoch im Leben Großes vollbringen.

Ich erkenne jetzt, dass das Beste, was wir als Mütter auf dem Gebiet der Kindererziehung – wie auf jedem anderen Gebiet auch – tun können, ist, die Weisheit des Heiligen Geistes zu suchen und ihr zu gehorchen. Das mag zwar anders aussehen, als wir es vermutet hätten und auch nicht dem entsprechen, was andere Leute tun, aber Gott hat einen Plan und wir können auf seine Führung vertrauen. Schließlich weiß er viel mehr über unsere Kinder, als wir jemals wissen werden.

Er ist wirklich der größte Helfer einer Mutter!

Der Heilige Geist ist der größte Helfer,
den Sie als Mutter je haben können!

KAPITEL 9

Das Positive hervorheben

Eine frustrierte Mutter wurde einmal gefragt, ob sie wieder Kinder bekommen würde, wenn sie noch einmal von vorn anfangen könnte. »Ja«, antwortete sie. »Aber nicht dieselben.«

Ich denke, fast jede Mutter ist hin und wieder verleitet, so etwas zu sagen. Manchmal stellen unsere Kinder, so wunderbar sie sind, unsere Geduld auf die Probe. Das tun sie auf ganz unterschiedliche Weise. Als meine Kinder noch jünger waren, fand ich nicht die natürlichen Schwächen am herausforderndsten, sondern eine negative Einstellung.

Kaum etwas macht uns Eltern mehr zu schaffen als undankbare, maulende Kinder. Schließlich investieren wir quasi unser Leben in sie. Wir lieben sie, beten für sie, geben ihnen Nahrung und Kleidung, wir belehren sie und tun auch sonst alles uns Mögliche, um sie zu segnen. Alles, was wir tatsächlich zurückbekommen wollen, ist, dass sie froh und glücklich sind. Also macht es uns traurig, wenn sie über alles meckern, was in ihrem Leben nicht so ist, wie sie es wollen. Oder wenn sie über das klagen, was sie nicht haben. Als Eltern wollen wir geschätzt werden! Wir mögen es nicht, wenn unsere Kinder eine negative Einstellung an den Tag legen. Haben sie das jedoch eventuell von uns geerbt? Wäre es möglich, dass wir ein Spiegelbild unseres eigenen Verhaltens sehen? Wir sollten uns bemühen, unseren Kindern in allem ein gutes Vorbild zu sein. Dazu gehört sicherlich auch eine positive und dankbare Haltung. Wir können nicht erwarten, dass unsere Kinder nicht nörgeln, wenn sie uns nörgeln hören.

Es macht Gott traurig, wenn wir als seine Kinder die Segnungen ignorieren, die er uns gibt, und stattdessen nur auf das sehen, worüber wir nicht glücklich sind. Es bekümmert ihn, wenn wir über die Kämpfe meckern, denen wir im Leben gegenüberstehen, statt all die Siege zu feiern, die wir durch Gottes Gnade und Güte bereits gewonnen haben! Deshalb sagte er Folgendes in der Bibel:

> *Freut euch allezeit! Betet unablässig! Sagt in allem Dank! Denn dies ist der Wille Gottes in Christus Jesus für euch. Den Geist löscht nicht aus!*
>
> 1. Thessalonicher 5,16-19

Das sind sehr klare und einfache Anweisungen. Aber Sie wissen ebenso gut wie ich, dass wir oft dazu neigen, darüber zu diskutieren.

»Nun, ich weiß, ich sollte nicht so gereizt sein, aber ich habe eben vieles zu bewältigen«, sagen wir. »Mein Konto ist im Minus und am Auto sind neue Reifen fällig. Meine Kinder haben Allergien und brauchen Zahnspangen. Mein Chef ist ein Fiesling, mein Mann interessiert sich das ganze Wochenende nur für Fußball im Fernsehen und der Hund meines Nachbarn bellt in einem fort. Ich bin sicher, Gott erwartet nicht, dass ich dabei auch noch gut gelaunt und dankbar bin!«

Doch, das tut er. Denn das mag zwar alles stimmen, aber auch Folgendes stimmt: Durch seine Gnade wurden wir aus unseren Sünden errettet. Wir haben Hoffnung und sind auf dem Weg zu einer Ewigkeit im Himmel. Die Bibel steckt voller Verheißungen, die uns helfen können, jede Herausforderung zu meistern. Wir haben einen himmlischen Vater, der uns unendlich liebt und dessen Barmherzigkeit ewig währt.

Dank seiner Güte haben wir Luft zum Atmen, ein Herz, das schlägt, und eine Familie, die wir lieben können. Ohne ihn hätten wir gar nichts: überhaupt kein Bankkonto – weder voll noch leer; überhaupt kein Auto – weder mit noch ohne Reifen; kein Kind, keinen Job, keinen Mann, keine modernen Hilfsmittel. Wir hätten noch nicht einmal Ohren, um das Bellen eines Hundes zu hören.

Ich kümmere mich um meine Mutter und meine Tante, die jetzt beide in einem Pflegeheim leben. Ihnen geht es gesundheitlich nicht mehr besonders gut, ihre Mobilität ist ziemlich eingeschränkt. Meistens sitzen sie entweder auf einem Stuhl oder liegen im Bett. Neulich besuchte ich meine Tante und sie sagte: »Liebes, ich hätte so gern ein paar Pfirsiche aus dem Obstladen.« Ihre simple Bitte erinnerte mich, wie oft wir kleine Dinge im Leben für selbstverständlich halten. Gerne ging ich zum Obstladen und besorgte ihr drei große Pfirsiche. Ich bin dankbar, dass ich jederzeit Pfirsiche oder alles andere Essbare kaufen kann, wann immer mir danach zumute ist. Dieser Vorfall führte mir vor Augen, wie sehr ich es liebe, einen Kaffee von Starbucks zu trinken oder eine leckere Tomate auf dem Markt zu kaufen. An jenem Tag war ich ganz besonders dankbar.

Ich würde gerne sagen können, dass ich immer so eine dankbare Haltung habe. Aber es gibt viele Tage, an denen es leichter ist, sich zum Negativen treiben zu lassen. Wenn ich nicht täglich Zeit mit dem Herrn verbringe und mich bewusst darauf ausrichte, ihm zu gehorchen und die Frucht des Geistes hervorzubringen, sehe ich eher das Fehlerhafte am Leben als das, was in Ordnung ist. So geht es jedem Menschen. Es liegt schlicht im Wesen des Fleisches, dass es uns Mühe macht, positiv und dankbar zu sein.

Schlecht gelaunt zu sein, fällt uns hingegen sehr leicht.

Die »-iter« sind nicht das Problem

Sehr deutlich lässt sich das an den Israeliten sehen, die Gott aus Ägypten befreite. Sie waren als weltbeste Miesepeter bekannt. Dabei hatten sie mehr Grund zur Freude als jede andere Gruppe von Menschen im gesamten Alten Testament. Gott wirkte absolut Erstaunliches unter ihnen! Er zwang die größte Nation der Welt in die Knie, um sie aus einem schweren Sklavendasein zu befreien. Er heilte sie alle. Er bereicherte sie mit Silber und

Gold. Er errettete sie vor der Armee des Pharao, teilte das Rote Meer und führte sie trockenen Fußes hindurch.

Als wäre das nicht genug, führte er sie bei Tag mit der Wolke und bei Nacht mit dem Feuer seiner Gegenwart durch die Wüste. Er ernährte sie vom Himmel, als sie Hunger hatten. Als sie durstig wurden, ließ er Wasser aus einem Felsen fließen.

Er versprach ihnen außerdem, sie in ein Land von Milch und Honig zu bringen, wo es ihnen gut gehen und sie gesegnet sein würden. Aber die meisten von ihnen schafften es nicht dorthin, weil sie genau dasselbe taten, was wir heute oft tun: *Und es geschah, als das Volk sich in Klagen erging, da war es böse in den Ohren des Herrn. Und als der Herr es hörte, da erglühte sein Zorn, und ein Feuer des Herrn brannte unter ihnen und fraß am Rand des Lagers* (4. Mose 11,1).

Gott sei Dank leben wir unter dem Neuen Bund und nicht unter dem Alten! Wir brauchen uns keine Sorgen zu machen, dass Gott unser Haus abbrennen lässt, weil wir nörgeln. Aber das heißt nicht, dass wir das ohne jede Konsequenz tun könnten. Undankbarkeit und Murren sind heute genauso Sünden, wie sie es damals waren. Wenn wir uns darauf einlassen, öffnen wir dem Teufel Tür und Tor. Ehe wir es uns versehen, geht es bei uns zu Hause drunter und drüber: Der Teufel sorgt dafür, dass unser Mann gereizt und bissig ist und dass die Kinder streiten und meckern. All das, weil wir uns wie Madame Miesepeter aufführen und ihn dadurch einladen. Denken Sie immer daran: Dankbarkeit hält den Teufel auf Abstand. Doch wenn wir murren, fühlt er sich bei uns wohl und will gar nicht wieder weg!

Man sollte meinen, wir hätten unsere Lektion gelernt, nachdem wir das ein- oder zweimal durchgemacht haben. Aber das ist meistens nicht der Fall. Den Israeliten ging es da nicht anders.

Nur ein paar Kapitel, nachdem sie vom Feuer des Herrn angesengt worden waren, ging es wieder los. Diesmal ärgerten sie sich, weil sie gehört hatten, dass in dem ihnen verheißenen Land Feinde wohnten. Ich weiß nicht, warum sie diese Information so überraschte. Der Herr hatte ihnen gesagt, sie würden die Kanaaniter, die Hetiter, die Amoriter und viele andere »-iter« vertreiben müssen. Er hatte ihnen auch immer und immer wieder versichert, dass er ihnen die nötige Kraft geben würde, jede Schlacht zu gewinnen. Aber irgendwie hatten sie das vergessen. Und deshalb geschah Folgendes:

> *Da erhob die ganze Gemeinde ihre Stimme und schrie, und das Volk weinte in jener Nacht. Und alle Söhne Israel murrten gegen Mose und gegen Aaron, und die ganze Gemeinde sagte zu ihnen: Wären wir doch … in dieser Wüste gestorben! Wozu bringt uns der Herr in dieses Land? Damit wir durchs Schwert fallen und unsere Frauen und unsere kleinen Kinder zur Beute werden? Wäre es nicht besser für uns, nach Ägypten zurückzukehren?*
>
> 4. Mose 14,1-3

Ihr Murren hatte zur Folge, dass diese Generation der Israeliten niemals in das verheißene Land kam. Ihr Murren und Klagen über die »-iter«, denen sie gegenüberstehen würden, verhinderte das Beste Gottes für ihr Leben.

Es ist leicht zu erkennen, wie wichtig eine dankbare Einstellung ist, wenn wir uns vor Augen führen, wie viele Tausend Male die Bibel uns anweist, dankbar zu sein, Gott zu loben und ihn anzubeten. Dabei handelt es sich nicht nur um eine nette Sache, die man tun kann. Eine positive, dankbare Haltung ist eine große Macht.

Viele Christen verhalten sich heute ähnlich wie die Israeliten damals. Sie nehmen Jesus als ihren Retter an, aber ins verheißene Land gehen sie nicht hinein. Statt alle Segnungen zu genießen, die Gott für sie bereithält, verbringen sie Jahre damit, in der Wüste umherzuwandern und über ihre »-iter« zu schimpfen.

Sie wissen, wovon ich spreche. Wir alle haben unsere »-iter«. Wir haben die »Unsensibler-Ehemann-iter«, die »Rückenschmerzen-iter«, die »Zu-wenig-Geld-iter«, die »Dieses-Kind-treibt-mich-in-den-Wahnsinn-iter«. Aber für uns, genau wie für das Volk Israel, sind nicht die »-iter« das eigentliche Problem. Sie halten uns nicht aus dem verheißenen Land fern.

Was uns daraus fernhält, ist manchmal einfach eine schlechte Einstellung! Ich kann das aus eigener Erfahrung sagen, denn ich war die Königin der schlechten Einstellung. Ich bin in einer so negativen Umgebung aufgewachsen, dass ich an allem etwas auszusetzen hatte. Ich sah »-iter«, wo immer ich hinblickte. Nach meiner Heirat mit Dave fand ich, er sei der schlimmste von allen. So verbrachte ich Jahre damit zu murren, zu jammern und Gott zu sagen, dass Dave mir das Leben schwer machte.

Schließlich drang Gott zu mir durch. »Joyce, nicht Dave ist das Problem«, sagte er. »*Du* bist das Problem.« Ich brauchte ganz dringend eine Veränderung meiner Einstellung. Zum Glück half mir Gott, bevor alle meine Kinder groß waren, als ich noch Zeit hatte, sie in positiver Weise zu beeinflussen.

Der Tag, an dem die Torte fiel

Die Erkenntnis, dass ich eine schlechte Einstellung hatte, kam wie ein Schock. Zuerst war ich alles andere als begeistert. Ich kann also mitfühlen, wenn Sie jetzt überhaupt nicht angetan sind. Eine solche Information tut unserem Fleisch weh. Es ist hart, das Spielchen »Andere beschuldigen« aufzugeben und sich der Tatsache zu stellen, dass man für seine eigene Haltung selbst verantwortlich ist. Aber wenn wir es tun, wird uns das die Tür zu wunderbaren Veränderungen in unserem Leben aufstoßen – besonders für die unter uns, die Mütter sind.

Denn unsere negativen Haltungen als Mutter bekümmern nicht nur den Geist Gottes, sie belasten auch unsere Umgebung. Wie jemand einmal sagte: »Die Mutter ist das Thermostat der

Familie. Sie bestimmt das Klima.« Wenn wir negativ und undankbar sind, neigen unsere Kinder dazu, auch so zu sein. Auf der anderen Seite spiegeln sie es auch wider, wenn wir positiv und dankbar sind. Mit der Zeit werden die Haltungen, die unsere Kinder auf Dauer in uns sehen, wahrscheinlich in ihnen Wurzeln schlagen und zu ihren eigenen werden.

Das geschah auch mit Debbie Morris. Als Frau eines Pastors ist sie unter Freunden und Gemeindegliedern für ihr fröhliches, liebenswürdiges Wesen bekannt. Wie wir alle musste auch sie etwas dafür tun, indem sie die Bibel studierte und im Herrn wuchs. Zum Teil hat sie es aber auch ihrer Mutter zu verdanken, sagt sie.

Sie erzählt von einer bestimmten Begebenheit in ihrer Kindheit, bei der die positive Einstellung ihrer Mutter einen bleibenden Eindruck in ihr hinterließ: von dem Tag, an dem die Torte fiel. »Das werde ich nie vergessen«, sagt Debbie.

> Mom hatte den ganzen Tag damit zugebracht, das Haus von oben bis unten zu putzen, weil wir Gäste erwarteten. Alles war bereit, nur die Torte fehlte noch, eines dieser Käsesahneprachtstücke, umhüllt von Kekskrümeln und gekrönt mit einer Schicht Kirschen. Die Torte war bereits fertig, sie musste aber noch eine Weile gekühlt werden. Meiner Schwester und mir lief das Wasser im Mund zusammen, als wir zusahen, wie Mutter die Torte vom Tisch hob, um sie in den Kühlschrank zu stellen. Und da passierte es: Das Prachtstück kippte um und klatschte kopfüber auf den frisch geputzten Küchenboden.
>
> Einen furchtbaren Moment lang starrten wir drei schockiert darauf. Dann hatte sich Mom gefangen. Sie öffnete in aller Seelenruhe die Besteckschublade und holte drei Löffel heraus. »Guten Appetit«, grinste sie. Und wir hockten uns alle drei hin und feierten eine Tortenparty auf dem Fußboden … ein Ereignis, an das ich immer gerne zurückdenken werde. Das war möglich, weil meine Mutter sich ent-

schieden hatte, dankbar und entspannt zu sein, statt zu jammern und zu nörgeln.[4]

Eine gute Einstellung kommt nicht daher, dass man von allem das Beste hat; sie kommt daher, dass man aus allem das Beste macht! Debbies Mutter hat das an jenem Tag bewiesen. Sie erkannte, dass es *ihre* Einstellung war und *sie* allein bestimmen konnte, was sie damit machen wollte. Sie traf eine weise Entscheidung – nicht nur um ihrer selbst willen, sondern auch um ihrer Kinder willen. Sie ist uns darin ein großes Vorbild.

Bitte verstehen Sie mich nicht falsch: Ich möchte keinesfalls die Probleme, denen Sie vielleicht gerade gegenüberstehen, kleinreden. Mir ist klar, dass Sie viel größere und ernstere Schwierigkeiten haben könnten als eine heruntergefallene Torte. Aber es ist das gleiche Prinzip. In jeder Situation kann man sich entscheiden, zuversichtlich zu sein. Sie können sich dafür entscheiden, Ihre Segnungen zu zählen und sich an all das zu erinnern, was Gott für Sie getan hat.

Ich habe von Juden in deutschen Konzentrationslagern während des Zweiten Weltkriegs gelesen, die das taten! Sie beschlossen, dass ihre gute Einstellung das Einzige war, was der Feind ihnen nicht rauben konnte. Und so weigerten sie sich, diese aufzugeben, ganz gleich was geschah. Sogar inmitten der unvorstellbarsten Tragödie fanden sie etwas, wofür sie dankbar sein konnten.

Wie wunderbar ist es, dass Gott uns die Fähigkeit gegeben hat, negative Dinge aus einer positiven Perspektive zu betrachten! So können wir aus den Prüfungen des Lebens Gelegenheiten machen, unseren Charakter zu festigen und Gottes Macht in tiefster Weise zu erfahren. Es bedeutet, unseren vermeintlich schlimmsten Feind zum besten Freund zu machen. Es erlaubt uns, selbst zu erfahren, warum die Bibel sagt:

---

4 Debbie Morris: *The Blessed Woman*. Colorado Springs: WaterBrook Press, 2013.

Wir wissen aber, dass denen, die Gott lieben, alle Dinge zum Guten mitwirken, denen, die nach seinem Vorsatz berufen sind.
Römer 8,28

Seht es als einen ganz besonderen Grund zur Freude an, meine Geschwister, wenn ihr Prüfungen verschiedenster Art durchmachen müsst. Ihr wisst doch: Wenn euer Glaube erprobt wird und sich bewährt, bringt das Standhaftigkeit hervor. Und durch die Standhaftigkeit soll das Gute, das in eurem Leben begonnen hat, zur Vollendung kommen. Dann werdet ihr vollkommen und makellos sein, und es wird euch an nichts mehr fehlen.
Jakobus 1,2-4 (NGÜ)

[Andere hatten] Böses gegen mich beabsichtigt; Gott aber hatte beabsichtigt, es zum Guten zu wenden.
1. Mose 50,20

Vor ein paar Jahren bereitete ich mich einmal auf eine Predigt vor, in der ich ausführlich über mein Leben berichten wollte. Als ich am Schreibtisch saß und mir Notizen über die Details des Missbrauchs machte, dem ich in meiner Vergangenheit ausgesetzt gewesen war, wurde mir wieder ganz neu bewusst, was Gott für mich getan hat. Es brachte mich zum Staunen. Er hat genommen, womit der Teufel mich zerstören wollte, mich davon befreit und es gebraucht, um mich im Dienst anzuspornen. Heute gehört der Schmerz, den ich in meiner Vergangenheit erlebt hatte, zu den wichtigsten Beweggründen, warum ich mit solcher Leidenschaft predige.

Gott kann wirklich aus allem etwas Gutes hervorbringen! Das macht es uns möglich, immer froh zu sein und ihm für alles zu danken, egal wie die Umstände aussehen mögen.

Ich weiß, das ist manchmal nicht einfach. Wenn Dinge geschehen, die ungerecht sind, oder schwierige Zeiten länger andauern als erwartet, dann wird man immer versucht sein zu jammern. Denken Sie aber angesichts dieser Versuchung daran:

Jammern hilft nichts. Es macht eine schlimme Lage nur noch schlimmer und behindert das Werk Gottes in Ihrem Leben. Froh und dankbar zu sein bewirkt genau das Gegenteil. Es hält Ihren Blick auf den Herrn gerichtet und öffnet die Tür für Ihren Sieg. Es macht nicht nur Ihre Familie glücklicher, auch Sie selbst bleiben dann glücklich.

Warum tun Sie sich also nicht selbst einen Gefallen? Wenn die Torten des Lebens auf dem Boden landen, dann heben Sie das Positive hervor. Statt eine Selbstmitleidsparty zu feiern, nehmen Sie ein paar Löffel in die Hand und feiern Gottes Güte. Veranstalten Sie eine Lobpreisparty, die Ihre Kinder niemals vergessen werden.

KAPITEL 10

Frei, voranzugehen

Meine Mutter sagte zu mir: »Bist du Soldat, wirst du General werden. Bist du Mönch, wirst du Papst werden.« Ich aber war Maler und ich wurde Picasso.
Pablo Picasso

Sein Name war Jabez und in der Bibel umfasst seine gesamte Lebensgeschichte nicht mehr als zwei Verse.

Kaum jemand hatte je von ihm gehört, bis vor einigen Jahren das Buch *Das Gebet des Jabez* zum Bestseller wurde. Seitdem ist er eine Art geistlicher Held. Seine Geschichte hat Millionen Menschen gesegnet und inspiriert. Ganze Predigten wurden über seinen mutigen Glauben gehalten. Bibelstudien befassten sich mit seiner großen Vision für die Zukunft, seinem kühnen Gebet und Gottes Antwort darauf.

Über seine Mutter hingegen hörte man nicht so viel.

Laut der Bibel hatte sie nicht gerade eine mustergültig positive Einstellung. Anders als andere Mütter, über die ich in diesem Buch geschrieben habe, ist die Mutter von Jabez nicht sehr inspirierend, sondern scheint eher ein Beispiel für Negativität zu sein.

Die Heilige Schrift sagt uns nicht, wie sie so geworden ist. Aber sie gewährt uns einen kleinen Einblick, wie sich ihre Haltung sowohl auf Jabez als auch auf die übrige Familie auswirkte. In 1. Chronik 4,9 heißt es:

Und Jabez war angesehener als seine Brüder; zwar hatte seine Mutter ihm den Namen Jabez gegeben, denn sie sagte: Mit Schmerzen habe ich ihn geboren.

So kurz er ist, offenbart dieser Vers doch eine Menge. Zum einen sagt er uns, dass Jabez' Mutter ihrem Kind den Namen gab. Das heißt, sie war vielleicht alleinstehend, aber das wissen wir nicht mit Sicherheit. (Normalerweise gaben in jener Zeit die Väter ihren Kindern Namen.) Dieser Vers sagt uns auch, dass der Name, den sie ihrem Sohn gab, wörtlich übersetzt »Kummermacher« bedeutet. Sie war also unglücklich über ihre Umstände und gab Jabez wenigstens teilweise die Schuld daran. Schließlich sagt uns dieser Vers, dass seine Brüder nicht so angesehen waren, was auf Konflikte oder mangelnde Disziplin in ihrer Familie hinweisen könnte. Nehmen wir alle diese Faktoren zusammen, dann haben wir alles andere als ein ideales Elternhaus. (Können Sie sich vorstellen, ein Leben lang mit dem Namen »Kummermacher« herumzulaufen? Das wäre ja wohl eine ideale Entschuldigung für ein schlechtes Selbstbild!)

Kaum zu glauben, aber Jabez landete weder im Gefängnis noch stand sein Name auf den Fahndungslisten des FBI. Nein:

> *Aber Jabez hatte den Gott Israels angerufen und gesagt: Dass du mich doch segnen und mein Gebiet erweitern mögest und deine Hand mit mir sei und du das Übel von mir fern hieltest, dass kein Schmerz mich treffe! Und Gott ließ kommen, was er erbeten hatte.*
>
> 1. Chronik 4,10

Ist das nicht erstaunlich? Trotz der Fehler seiner Mutter und trotz all der Dinge, die ihn in seinem Werdegang benachteiligten, entwickelte sich Jabez richtig gut. Er wuchs zu einem gläubigen, betenden Mann heran, der wohlhabend und einflussreich war und der den Wunsch hatte, ein Segen für andere zu werden. (In der hier zitierten englischen *New King James Version* heißt es: … *dass du mich vom Übel fern hieltest, dass ich keinen Schmerz verursache!*; Anm. d. Übersetzers).

Er wurde zu einem so herausragenden Vorbild, dass Gott seine Geschichte in die Bibel aufnahm und die Menschen noch heute von ihm lernen. Egal wie unser Leben beginnt, wir können ein großartiges Finale haben, wenn wir unser Vertrauen auf Gott setzen.

Bekenntnisse eines ehemaligen Schuldgefühlejunkies

Da Jabez' Mutter anscheinend nichts zu seinem Erfolg beigetragen hat, fragen Sie sich vielleicht, warum ich sie in einem Buch mit dem Titel *Zuversicht, Mama!* erwähne. Dazu muss ich als Erstes betonen: nicht weil wir uns an ihr ein Beispiel nehmen sollten. Wir dürfen unsere Verantwortung gegenüber unseren Kindern niemals mit einem Achselzucken herunterspielen und so tun, als wäre unser Einfluss in ihrem Leben nicht wichtig.

Aber Folgendes möchte ich dennoch sagen: Es ist an der Zeit, dass wir die Last der Schuldgefühle loswerden, die wir oft mit uns herumschleppen, und aufhören zu denken, dass unsere Fehler das Leben unserer Kinder ruinieren! Das stellt für heutige Mütter ein Hauptproblem dar. Untersuchungen zeigen: 90 Prozent aller Mütter fühlen sich schuldig, dass sie für ihre Kinder nicht genug *tun*, nicht genug *geben* oder nicht genug *sind*.[5] Viele Mütter räumen sogar ein, »meistens oder immer« von Schuldgefühlen geplagt zu werden. Einem Experten zufolge beginnen die Schuldgefühle für die Mehrzahl der Mütter in den ersten Tagen nach der Geburt ihres Kindes und verschwinden auch nicht wieder. Wenn überhaupt, verändern sie sich mit zunehmendem Alter ihres Kindes nur zum Schlimmeren.

Das ist tragisch! Aber als früherer »Schuldgefühlejunkie« weiß ich, wovon die Rede ist.

---

5 »Die Mehrheit der Mütter gibt zu, wegen ihrer Berufstätigkeit Schuldgefühle zu haben und ständig zu hinterfragen, ob sie ihre Elternrolle gut ausfüllen«, *Daily Mail UK*, www.dailymail.co.uk/femail/article-2266292/Majority-mothers-admit-feeling-guilty-balancing-work-home-life-constantly-question-good-parent.html#ixzz2ifPOOXrB, Zugriff am 11.7.2014.

Ich persönlich wartete nicht einmal, bis ich Mutter wurde, um mich auf den Schuldgefühletrip zu begeben. Ich fing schon als Kind damit an. Wegen des sexuellen Missbrauchs, der an mir begangen wurde, trug ich schon damals ständig ein Schuldgefühl mit mir herum. Wie Kinder es oft tun, gab ich mir selbst die Schuld an der Situation.

Als ich älter wurde und mit Jesus zu leben begann, blieben Schuldgefühle weiterhin meine ständigen Begleiter. Jahrelang machte ich mir Vorwürfe: »Das hättest du nicht tun sollen! Du hättest stattdessen das tun sollen! Du solltest dich schämen!« Ich war sogar überzeugt davon, dass solche Schuldgefühle »heilig« wären. Ich dachte, wenn ich mir aufgrund meiner Unzulänglichkeiten nur genügend schlecht vorkäme, würde ich mich bessern. Ich war auch der Meinung, meine Schuldgefühle würden Gott tatsächlich gefallen – sie wären ihm ein Beweis dafür, dass es mir wirklich leidtat, wie sehr ich ihn enttäuschte. Deshalb fühlte ich mich damals nie gut, solange ich mich nicht schlecht fühlte.

Aber – Gott sei Dank! – kam der Tag, an dem ich die Wahrheit erkannte: Eine Last von Schuldgefühlen herumzuschleppen tut überhaupt niemandem gut.

Es spornt uns nicht zu tugendhafterem Verhalten an, es macht es nur noch schlimmer. Schuldgefühle rauben uns das Leben, Tag für Tag. Sie saugen die Energie aus uns, die wir brauchen, um unsere Familie zu genießen, in Gott zu wachsen und ihm zu dienen. Mehr noch, Schuldgefühle gefallen dem Herrn nicht! Sie brechen ihm das Herz. Er hat schließlich Jesus gesandt, sein Blut zu vergießen, damit wir ohne Schuldgefühle leben könnten.

Ich werde den Moment nie vergessen, als mich die volle Bedeutung dieser Erkenntnis traf. Es war ein bestimmender Moment in meinem Leben. Er ereignete sich, als ich quer über den Parkplatz eines Supermarktes ging. Wie üblich fühlte ich mich für etwas schuldig, das ich getan hatte, ohrfeigte mich innerlich selbst und kam mir vor wie ein Wurm.

Damals hing die Länge meines Schuldgefühletrips davon ab, in welche Kategorie ich die begangene Sünde einordnete. Wenn es, nach meiner eigenen Skala, nur ein kleiner Ausrutscher war und ich zum Beispiel den Kindern gegenüber ärgerlich reagiert hatte, fühlte ich mich nur ein paar Stunden lang schuldig. Wenn es eine mittelgroße Sünde war und ich die Kinder angeschrien oder mich eingeschnappt verhalten hatte, hielt das schlechte Gewissen ein paar Tage lang an. Bei einer großen Sünde – sagen wir, ich hatte die Kinder wirklich zur Schnecke gemacht und geschimpft und getobt – konnte ich mich wochenlang schuldig fühlen.

Dieses Mal fiel mein Vergehen in die letzte Kategorie, deshalb hatte ich mich schon eine Weile schuldig gefühlt. Aber noch lag eine gewisse Zeit vor mir. Als ich über den Parkplatz ging, sprach der Herr mich an: »Wie hast du vor, diese belastenden Schuldgefühle loszuwerden?«

Ich kannte die richtige Antwort genau. »Ich werde das Opfer, das Jesus am Kreuz für mich gebracht hat, annehmen«, antwortete ich und fühlte mich sehr geistlich.

»Wann hast du vor, das zu tun?«, fragte Gott.

Da er es ja sowieso schon wusste, konnte ich genauso gut ehrlich sein. »In zwei oder drei Tagen.«

»Joyce, wenn dieses Opfer in zwei oder drei Tagen gut genug sein wird, ist es dann nicht auch jetzt schon ausreichend?«

»Ja, Herr, das ist es.«

»Dann würde ich es sehr zu schätzen wissen, wenn du es sofort annehmen und aufhören würdest, dich schuldig zu fühlen. Ich brauche dich nämlich. Aber offen gestanden bist du mir in diesem Zustand nicht sehr nützlich!«

Als ich da auf diesem Parkplatz stand und darüber nachdachte, was Gott mir ins Herz gelegt hatte, erlebte ich eine Art inneres Erwachen. Es dämmerte mir, dass der Berg an Schuldgefühlen, unter dem ich begraben war, mich und meine Familie des überfließenden, fröhlichen Lebens beraubte, das Jesus uns durch seinen Tod ermöglicht hat. Ich krempelte also meine geistlichen Ärmel hoch und begann mich herauszubuddeln. Ich studierte, was die Bibel über Gottes Vergebung und Gnade zu sagen hat. Ich erneuerte mein Denken, damit ich über meine Sünden – der Vergangenheit, der Gegenwart und der Zukunft – so denken konnte, wie er es tut. Gott vergibt uns vollständig und entfernt unsere Sünden, so weit wie der Osten ist vom Westen. Er wird ihrer nicht mehr gedenken (siehe Hebräer 10,17-18; Psalm 103,12).

Seitdem bin ich eine andere Person. Hin und wieder überkommt mich eine Attacke von Schuldgefühlen – so wie alle Menschen –, aber ich erkenne das und weigere mich, besonders lange damit zu leben.

Wenn Gott mit Ihnen glücklich ist, können Sie auch glücklich sein

Es ist nicht nötig, dass uns jeden Morgen beim Aufwachen Schuldgefühle für all das plagen, was wir gestern verbockt haben, und uns die Befürchtung quält, heute könnte wieder etwas schiefgehen! Wenn ich Fehler mache, dann lasse ich mich jetzt nicht mehr von Schuldgefühlen niederdrücken, weil ich drei biblische Wahrheiten verstehe, die jede Mutter verstehen sollte, wenn sie in Freiheit leben will.

Die erste Wahrheit ist: Als Jesus ans Kreuz ging, besiegte er die Sünde ein für alle Mal. Wie es in Römer 8,3 (NLB) heißt: *Gott zerstörte die Herrschaft der Sünde über uns, indem er seinen Sohn stellvertretend für unsere Schuld verurteilte.* Deshalb brauchen wir nicht in Angst vor der Sünde zu leben.

Vielmehr können wir den Rat aus Römer 6,11 (NGÜ) befolgen:

> *Geht von der Tatsache aus, dass ihr für die Sünde tot seid, aber in Jesus Christus für Gott lebt.*

Mit anderen Worten: Wir können damit aufhören, immer den Blick auf unsere Mängel und Fehler gerichtet zu halten. Wir dürfen stattdessen den Blick auf Gott richten und mit ihm Gemeinschaft haben.

Für uns als Mütter bedeutet das: Hören wir auf, gesetzlich zu sein und alle selbst aufgestellten Regeln einhalten zu wollen (zum Beispiel »Du darfst niemals auch nur eine Sportveranstaltung deiner Kinder verpassen. Du solltest nie das abendliche Baden überspringen und die Kinder mit ungewaschenen Füßen ins Bett stecken, egal wie müde du bist. Du darfst einen Zeichentrickfilm nicht als Babysitter missbrauchen, auch keinen christlichen«). Stattdessen können wir uns darauf ausrichten, Jesus so nah wie möglich zu sein, in Liebe zu leben, seiner Leitung zu folgen und zu tun, wozu er uns Gnade gibt.

»Aber was ist, wenn ich das, wozu Gott mich berufen hat, nicht perfekt tun kann?«

Oh, glauben Sie mir, das können Sie auch nicht. Keiner von uns kann das – jedenfalls nicht nach menschlichen Maßstäben. Aber glücklicherweise hat er eine andere Definition von Perfektion als wir. Jesus sagt, Gott definiere »perfekt« so: *Ihr nun sollt vollkommen sein [zur Reife hinwachsen], wie euer himmlischer Vater vollkommen ist* (Matthäus 5,48). Es ist wirklich nicht so schwer, mit Gott auszukommen, wie wir manchmal denken. Solange wir wachsen und Fortschritte machen, ist er zufrieden mit uns.

Ich sehe das so: Weil Gott mit uns zufrieden ist, können wir aufhören, uns schuldig zu fühlen, dass wir noch nicht am Ziel angekommen sind, und ebenfalls mit uns selbst zufrieden sein!

Damit meine ich natürlich nicht, dass wir unsere Sünde einfach ignorieren und so tun sollten, als wäre es egal, wenn wir dem Herrn gegenüber ungehorsam sind, und bewusst etwas Falsches tun. Es ist keineswegs egal, weder für Gott noch für uns. Deshalb sollten wir unsere Sünden zugeben und seine Vergebung empfangen, damit wir diese Sünde hinter uns lassen und ohne sie weiterleben können.

Damit komme ich zur zweiten biblischen Wahrheit, die uns aus dem Kreislauf der Schuldgefühle befreit: Jesus hat für jede Sünde, die wir je begehen – vergangene, gegenwärtige und zukünftige – schon den kompletten Preis bezahlt. Er hat seine vollständige, absolute Vergebung für uns bereitgestellt. Alles, was er von uns möchte, ist, dass wir sie in Anspruch nehmen und ihm glauben: *Wenn wir unsere Sünden bekennen, ist er treu und gerecht, dass er uns die Sünden vergibt und uns reinigt von jeder Ungerechtigkeit* (1. Johannes 1,9).

Beachten Sie, dass Gott uns, laut diesem Vers, nicht nur vergibt, sondern uns auch reinigt! Tatsächlich ist es so, *dass Jesus in dieser Welt erschienen ist, um die Sünden der Menschen wegzunehmen* (1. Johannes 3,5; NGÜ). So fern der Osten ist vom Westen, hat er sie von uns entfernt (siehe Psalm 103,12) und gedenkt ihrer nicht mehr (siehe Hebräer 10,17). Weil Gott nicht länger über das nachdenkt, was wir falsch gemacht haben, sind wir frei, es genauso zu tun!

Ich muss Sie jedoch warnen: Der Teufel hasst dieses Arrangement. Er hasst es, dass Sie einfach das Opfer Jesu annehmen und ohne Schuldgefühle Ihren Weg fortsetzen können. Deshalb wird er Sie immer wieder an das erinnern, was Sie alles falsch gemacht haben. Er wird sein Bestes geben, damit Sie sich schuldig, beschämt und ungerecht vorkommen. Wenn er das macht, können Sie aber sein wie die Gläubigen in Offenbarung 12,11 (NGÜ), die über die Beschuldigungen des Teufels triumphiert haben, *weil das Lamm sein Blut für sie vergossen hat und weil sie sich … zur Botschaft von Jesus bekannten.* Sie können sagen: »Diese Sünde ist weg und vergessen. Sie existiert nicht mehr, weil das Blut Jesu sie ausgelöscht hat. Mir wurde vergeben und ich bin gereinigt! In mir gibt es keine Verdammnis!«

Vielleicht bereiten Ihnen Ihre Gefühle anfangs trotzdem Schwierigkeiten und Sie fühlen sich weiterhin schuldig. Aber wenn Sie sich an die Wahrheit von Gottes Wort halten, werden die Emotionen irgendwann hinterherkommen und Sie werden sich tatsächlich auch frei von Schuld fühlen!

Schenken Sie der Lüge keinen Glauben

Wenn Sie Fehler gemacht haben, die Ihren Kindern auf die eine oder andere Weise geschadet haben, möchte ich Sie an diese dritte biblische Wahrheit erinnern: Nichts, was falsch gelaufen ist, könnte so schlimm sein, als dass Gott es nicht in Ordnung bringen könnte. Er ist in der Lage, wirklich alles zum Guten wirken zu lassen, nicht nur für Sie, sondern auch für Ihre Kinder.

Damit schlage ich nicht vor, dass Sie Ihre Erziehungsfehler einfach ignorieren. Wenn Sie etwas tun, was sich negativ auf Ihre Kinder auswirkt, sollten Sie ihnen gegenüber ehrlich sein und die Fehler zugeben. Sie sollten sich bei ihnen entschuldigen, für sie beten und Gott vertrauen, dass er die Situation mit seiner Barmherzigkeit und Gnade bedeckt. Aber gleichzeitig sollten Sie nicht der Lüge glauben, dass Ihre Kinder sich von Ihren Fehlern nicht wieder erholen könnten. Sie können, wenn sie wollen.

Ich bin ein lebender Beweis dafür. Meine Kindheit war ein Albtraum. Aber ich schrie zu Gott. Als ich erwachsen war, ersetzte er mir meinen Verlust und zahlte mir doppelt zurück, was ich verloren hatte.

Dasselbe Wunder sah ich ein weiteres Mal an unseren eigenen Kindern. Als sie klein waren, reichte ich manches von dem Schmerz meiner eigenen Kindheit an sie weiter. Ich steckte noch in den frühen Reifestadien als Christ und wusste nicht, was ich da tat. Ich habe sie nicht körperlich misshandelt, aber ich habe sie viel angeschrien, war sehr ungeduldig und ganz schön gesetzlich.

Mein ältester Sohn erinnerte mich recht häufig daran. Immer wenn er etwas falsch machte, sagte er zu mir: »Wenn du mich anders behandelt hättest, wäre ich nicht so geworden!« Eine Weile ließ ich es zu, dass solche Worte Schuldgefühle in mir hervorriefen. Eines Tages wurde Gott aber sehr deutlich und erinnerte mich: »Dein Sohn hat dieselbe Möglichkeit, die du hattest. Er kann durch mein Wort heil werden, genau wie du.«

Diese Botschaft tat nicht nur mir gut, sondern auch ihm! Schließlich nahm er sie sich zu Herzen und wuchs zu einem wunderbaren Mann Gottes heran. Ich wünschte zwar immer noch, ich wäre in seiner Kindheit weiser gewesen, damit ich ihm und den anderen Kindern eine bessere Mutter hätte sein können. Aber letztendlich hat sich unsere Familie durch Gottes Gnade großartig entwickelt. Wir kommen alle miteinander aus. Wir genießen es, gemeinsam Gott zu dienen und Zeit miteinander zu verbringen.

Immer noch ärgern mich die Jungs gerne. Wenn sie etwas tun, was mir nicht gefällt, sagen sie: »Hey, das habe ich von dir!« Mittlerweile drehe ich den Spieß um, sobald sie etwas Gutes tun: »Das habt ihr von mir!«

Unsere Familie ist kein Einzelfall. Bei vielen anderen hat Gott genauso gehandelt. Ich weiß zum Beispiel von einer Mutter, die schlimme Probleme mit ihrer kleinen Tochter hatte. Sie machte einige schwere Fehler und verursachte ihrer Tochter großen Schmerz. Als das Mädchen heranwuchs, reagierte sie auf diesen Schmerz, indem sie zur Alkoholikerin wurde. Bitter und zornig gab sie ihrer Mutter ständig die Schuld daran.

Schließlich erkannte die Mutter aber, dass Gott gnädig ist und vergibt. Entschlossen, ohne Schuldgefühle zu leben und Schritte zu gehen, erlaubte sie ihrer Tochter nicht länger, sie zu beschimpfen. Sie gab zu, Fehler gemacht zu haben, aber sie sagte ihrer Tochter: »Du bist für deine eigenen Entscheidungen verantwortlich. Es tut mir leid, dass ich dich verletzt habe, aber wenn du mir vergibst und dich an das Wort Gottes hältst, kannst du dein Leben komplett ändern.«

Es war ein liebevoll-strenges Gespräch, aber am Ende ging alles gut aus. Die Tochter räumte in ihrem Leben auf und baute nicht nur zum Herrn, sondern auch zu ihrer Mutter eine gute Beziehung auf. Sie wohnten zwar weit voneinander entfernt, doch die Tochter begann, ihre Mutter täglich anzurufen, nur um mit ihr zu sprechen.

Solche Geschichten bestätigen etwas, was wir Mütter nicht vergessen dürfen: Wir können uns nicht in die wunderbare Zukunft bewegen, die Gott für unsere Familie vorgesehen hat, solange wir die Schuldgefühle und den Schutt von gestern mit uns herumschleppen. Ganz gleich also, was wir in der Vergangenheit falsch gemacht haben, wir müssen Gottes Vergebung annehmen und wie der Apostel Paulus sagen:

> *Geschwister, ich bilde mir nicht ein, das Ziel schon erreicht zu haben. Eins aber tue ich: Ich lasse das, was hinter mir liegt, bewusst zurück, konzentriere mich völlig auf das, was vor mir liegt, und laufe mit ganzer Kraft dem Ziel entgegen, um den Siegespreis zu bekommen – den Preis, der in der Teilhabe an der himmlischen Welt besteht, zu der uns Gott durch Jesus Christus berufen hat.*
>
> Philipper 3,13-14 (NGÜ)

Das ist die wunderbare Lektion, die wir von Jabez und seiner Mutter lernen können: Unsere Fehler haben nicht die Macht, die Zukunft unserer Kinder zu ruinieren. Aufgrund dessen, was Jesus getan hat, sind wir alle frei, weiterzugehen.

Frei von Schuld.

KAPITEL 11

Wagen Sie es nicht zu vergleichen

Vor ein paar Jahren beschloss ein Gänsepaar, sich an dem Teich hinter unserem Haus niederzulassen. Ich möchte nicht behaupten, dass sie regelrecht von Gott gesandt wurden. Aber sie kamen genau zur richtigen Zeit. Ich bereitete mich gerade auf ein Seminar zum Thema Elternsein vor. Als ob Gott mir eine gute Illustration dafür zeigen wollte, legten diese Gänse Eier und begannen ihre Familiengründung.

Eines Tages hatte ich gerade ein paar Notizen über Sprüche 22,6 (NLB) gemacht: *Lehre dein Kind, den richtigen Weg zu wählen [in Übereinstimmung mit seinen individuellen Begabungen und Neigungen]* … Mit diesem Vers im Kopf blickte ich aus dem Fenster und sah, wie sich Mutter Gans und ihr Gatte verhielten, als hätten sie ihn auch gelesen.

Sie sorgten dafür, dass sich ihre sechs flauschigen kleinen Küken in einer Reihe aufstellten. Mit einem Elternteil vorneweg und dem anderen am Schluss der Reihe versuchten sie ihrer kleinen Brut beizubringen, einem Anführer zu folgen.

Fünf der sechs machten es gut. Sie watschelten im Gleichschritt hinter der Mama her und ließen keinen Schritt aus. Eines der Küken aber bestand darauf, der Exzentriker zu sein und seinen eigenen Weg zu gehen. Die Eltern machten ihm immer wieder Platz in der Reihe und zeigten ihm wieder und wieder, was zu tun war. Aber das Küken fügte sich einfach nicht ein.

Ich musste lachen. Auch Mütter stehen vor diesem Dilemma. Wir versuchen unsere Kinder zu einem Abbild unserer selbst zu erziehen.

Wir sagen: »Schau her! Ich zeige dir, was zu tun ist und wie man es macht.« Aber ungeachtet unserer Mühen beschließen unsere Kinder manchmal, nach einer anderen Pfeife zu tanzen.

Wie das exzentrische kleine Gänseküken fügen sie sich einfach nicht in unser Programm ein.

Das ist ein Grund, weshalb Gott uns anweist, ein Kind in Übereinstimmung mit seinen individuellen Begabungen und Neigungen zu lehren. Er wollte uns daran erinnern, dass jedes unserer Kinder einzigartig ist, und dass wir dazu aufgerufen sind, diese Einzigartigkeit zu entdecken und zu bestätigen. Wir sollten unsere Kinder nicht zu Kopien unserer selbst (oder irgendeines anderen Menschen) machen, sondern ihre Individualität stärken.

Natürlich will das theoretisch so gut wie jede christliche Mutter tun. Aber viele von uns müssen zugeben, dass wir damit unsere Schwierigkeiten haben.

Warum? Weil wir, wie ich bereits sagte, nichts geben können, was wir nicht haben. Wenn wir uns also über unsere eigene Einzigartigkeit nicht freuen, wenn wir uns immer noch mit anderen Müttern vergleichen und versuchen, sie zu beeindrucken und wie sie zu sein, werden wir diese Haltung unseren Kindern weitergeben … ob wir es nun beabsichtigen oder nicht.

Neulich las ich etwas in einem Internetblog, das diesen Punkt sehr gut unterstreicht. Es war das Bekenntnis einer Mutter, die ihre Kinder, als sie ganz klein waren, mit viel Energie zu Höchstleistungen angetrieben hatte. Es war ihr derart wichtig, dass sie in allem so gut wie möglich waren – von Sport bis Musik, von Manieren bis zur Kleidung –, dass sie sie unaufhörlich kritisierte. Sie nahm an, dass es ihr nur um die Interessen ihrer Kinder ging. Doch eines Tages erkannte sie die Wahrheit. Was sie antrieb, war in Wirklichkeit ihre eigene Unsicherheit. »Es ging nur um mich«, schrieb sie.

> Ich machte mir Gedanken darüber, welches Licht das Verhalten oder das Erscheinungsbild meiner Kinder auf mich werfen würde. Ich drängte sie zur Perfektion, weil ich mich übermäßig darum sorgte, was andere Leute über mich, nicht über sie, dachten.

> Aber all das veränderte sich an dem Tag, als meine jüngste Tochter mitten in einer Übungsstunde ihre Ukulele weglegte. Nach jeder Menge mütterlicher Überwachung und Missbilligung ihrer Spielweise hörte sie einfach auf. Als würde sie sich in einer Schlacht ergeben, die sie nie gewinnen konnte, sagte mein Kind sechs Worte, die ich mein Lebtag nicht mehr vergessen werde. »Mama, ich will einfach gut sein.«
>
> Meine Tochter, die ein echtes Talent zum Ukulelespielen hat und von Natur aus liebend gerne singt, dachte, sie wäre nicht gut. Und das meinetwegen …[6]

Zum Glück ging diese Geschichte gut aus. Die Mutter änderte sich. Aber ich bin dankbar dafür, dass sie von ihrem Erlebnis erzählt, weil ich glaube, dass sich viele Mütter darin wiederfinden können. Mir jedenfalls geht es so. Ich habe vielleicht nicht ganz genauso gehandelt, als meine Kinder klein waren, aber ich weiß, was es bedeutet, sich unsicher zu fühlen und sich um die Meinung anderer Leute zu sorgen. Den Vergleich mit anderen Frauen und die Überzeugung, niemals an sie heranzureichen – das kenne ich leider nur zu gut.

So weit ich mich erinnern kann, hatte ich nie das Gefühl, dem Bild einer »normalen Mutter« zu entsprechen. Jahrelang kam ich mir noch nicht einmal wie eine normale Frau vor! Zum einen ist meine Stimme sehr tief. Statt eine sanfte, weiche, feminine Stimme zu haben, wie die meisten Frauen, höre ich mich eher männlich an. Als ich einmal in einem Kosmetikstudio anrief, um eine Gesichtsbehandlung zu buchen, fragte mich die Frau am anderen Ende der Leitung, ob ich einen Vollbart oder einen Kinnbart hätte!

---

6 Hands-Free Mama: »Noticing the Good in Our Kids«. *Mom to Mom*, 21.6.2013, http://living.msn.com/, Zugriff am 11.7.2014.

Heute kann ich darüber lachen, aber es gab eine Zeit in meinem Leben, da hätte mich das tagelang zum Weinen gebracht. Meine Stimme war aber nicht das Einzige, worunter ich litt. Ich grämte mich auch über meinen Mangel an hausfraulichen Fähigkeiten. Ich dachte, mit mir stimmte etwas nicht, weil ich keine Meisterköchin und bewundernswerte Schneiderin war.

Statt mich über meine eigene, einzigartige Veranlagung zu freuen und die von Gott gegebene Begabung, das Wort zu lehren, meinte ich in einer bestimmten Phase meines Lebens, ich sollte mehr wie meine Nachbarin werden. Ich nenne sie Mrs Crafty, weil sie immer irgendetwas Kreatives machte und den Garten bepflanzte sowie Tomaten einkochte. In einem Jahr wollte ich es ihr unbedingt nachmachen und überredete Dave, einen Teil unseres Hinterhofes umzugraben und Tomaten anzupflanzen, damit ich mit Mrs Crafty zusammen ein bisschen Tomaten einkochen könnte.

Dave erledigte den größten Teil der Gartenarbeit. Treu jätete er Unkraut und goss die Pflanzen, bis schließlich der große Tag gekommen war: Meine Tomaten waren reif, sie sahen prächtig aus. Das Einkochzubehör bereit, rief ich Mrs Crafty an und wir beschlossen, am folgenden Tag loszulegen.

Doch als ich am nächsten Morgen nach draußen ging, um die Tomaten zu pflücken, musste ich eine furchtbare Entdeckung machen. Ein Schwarm Käfer hatte sich in der Nacht auf ihnen niedergelassen und große, schwarze Löcher hineingefressen. Entsetzt rief ich Mrs Crafty an. »Unsere Tomaten sind kaputt!«, sagte ich.

Sie lief in den Garten hinter ihrem Haus (der nur ein paar Meter von meinem entfernt war), um zu sehen, wie stark ihre Pflanzen zerstört waren. Dann rief sie mich zurück und brachte mir die *gute* Nachricht: »Meine Tomaten sind völlig in Ordnung!«

Entrüstet legte ich auf und bat den Herrn, mir das doch bitte einmal zu erklären. »Was ist hier los?«, fragte ich. »Ich habe über diesen Tomaten gebetet! Ich bezweifle doch stark, dass

Mrs Crafty über ihren gebetet hat! Warum sind meine kaputtgegangen und ihre haben überlebt?«

Seine Antwort kam schnell und schlicht: »Ich habe dir nie gesagt, du sollst Tomaten anpflanzen. Deshalb brauche ich deine Tomaten auch nicht zu beschützen.«

Ich habe diese Geschichte schon oft erzählt, aber sie ist es wert, hier wiederholt zu werden, weil sie so sehr auf Mütter zutrifft. Vielleicht mehr als alle anderen Menschen müssen wir Mütter die einzigartigen Begabungen und individuellen Veranlagungen, die Gott uns gegeben hat, schätzen und entwickeln.

Das ist nicht nur für uns, sondern auch für unsere Kinder von großer Bedeutung.

Denken Sie das nächste Mal daran, wenn Sie eine Dose Tomaten aus der Vorratskammer holen. Denken Sie an Mrs Crafty und mich und sagen Sie sich: »Das zu machen, was eine andere Mutter macht (so sehr ich sie bewundern mag), wird nicht funktionieren, wenn es nicht das ist, wozu Gott mich geschaffen hat.«

Hüten Sie sich vor Sozialneid

An meine Tomatengeschichte möchten Sie sich vielleicht auch dann erinnern, wenn Sie sich durch Ihre Social-Media-Websites klicken. Diese Seiten können eine richtige Brutstätte für Unsicherheit sein. Eine Forscherin sagte dazu:

> Sie können einen intensiven Neid hervorrufen und sich negativ auf die Zufriedenheit mit dem eigenen Leben auswirken, weil auf sozialen Netzwerken jeder versucht, sich so gut wie möglich darzustellen, und häufig sein Profil schönt. … *Freunde* ist dort eine Referenzgruppe, an der die eigene Beliebtheit und der Erfolg gemessen wird – das führt schnell dazu, andere zu glorifizieren und sie über sich selbst zu stel-

len, das heißt, es ist das perfekte Rezept zur Erzeugung von Neidgefühlen.[7]

Ich gebe nicht nur den sozialen Netzwerken die Schuld. Viele andere Faktoren können eine Rolle spielen (einschließlich der menschlichen Natur). Aber im Allgemeinen ist es doch so: Unter den Müttern von heute grassiert die Unsicherheit.

Sie als Christ müssen sich aber in Ihrem eigenen Leben nicht damit abgeben. Sie haben eine andere Möglichkeit, weil die Bibel Folgendes über Sie sagt:

> *Keiner Waffe, die gegen dich geschmiedet wird, soll es gelingen; und jede Zunge, die vor Gericht gegen dich aufsteht, wirst du schuldig sprechen. Das [Frieden, Gerechtigkeit, Sicherheit, Triumph über Gegner] ist das Erbteil der Knechte des Herrn und ihre Gerechtigkeit von mir her, spricht der Herr.*
>
> Jesaja 54,17

Beachten Sie, dass dieser Vers *Sicherheit* als Teil Ihres geistlichen Erbes anführt. Das bedeutet: Weder der Teufel noch irgendjemand sonst hat die Macht, in Ihnen Gefühle der Unsicherheit zu verursachen. Sie haben durch Ihre Beziehung zu Jesus das Recht geerbt, in dem, wer Sie sind, absolut sicher zu sein.

Wenn Sie sich wieder einmal fragen, wer Sie in Gottes Augen sind, und Unsicherheit darüber verspüren, dann denken Sie daran, dass Ihre Gefühle nicht die Wahrheit über Ihr Sein ausdrücken. Gottes Wort ist die absolute Wahrheit. Es sagt, dass Sie alles haben, was Jesus hat, weil Sie mit ihm gemeinsam Erbe sind. Jesus ist sicher und deshalb können Sie in ihm völlig sicher sein.

---

7 Fanny Jiminez: »Social Envy«, 27.1.2013, www.worldcrunch.com, Zugriff am 11.7.2014.

Wagen Sie es also zu glauben! Statt sich auf die Seite Ihrer Emotionen zu schlagen, stimmen Sie mit dem überein, was das Wort Gottes über Sie sagt. Wagen Sie, wie der Psalmist David zu Gott zu sagen: *Ich preise dich darüber, dass ich auf eine erstaunliche, ausgezeichnete Weise gemacht bin. Wunderbar sind deine Werke, und meine Seele erkennt es sehr wohl* (Psalm 139,14).

Und wo wir gerade dabei sind: Wagen Sie es *nicht*, sich mit irgendwem zu vergleichen – nicht mit anderen Müttern in der Gemeinde, nicht mit ihren Facebook-Freunden oder den Models in der Zeitschrift mit ihren retuschierten Gesichtern und null Prozent Körperfett. Sagen Sie nicht: »Ich wünschte, ich würde so aussehen wie sie … oder ich hätte ihre Talente und Fähigkeiten.« Verschwenden Sie Ihre Lebenszeit nicht damit, sich etwas zu wünschen, was Sie nicht haben. Umarmen, lieben und wertschätzen Sie, wie Gott Sie geschaffen hat!

Dabei werden Sie wahrscheinlich entdecken, dass die Dinge, die Sie an sich selbst am wenigsten mögen, genau die sind, die Gott am meisten gebraucht, wenn Sie erst einmal aufgehört haben, sich deshalb schlecht zu fühlen. In meinem Leben zum Beispiel hat sich meine Stimme als einer meiner größten Pluspunkte herausgestellt. Weil sie kräftig und autoritär ist, verlangt sie nach Aufmerksamkeit, wenn ich predige. Die Leute hören hin. Heute erkenne ich, dass sie ein Segen ist.

Ebenso wie die Tatsache, dass ich nicht gerne koche und Tomaten ziehe – ich habe für solche Dinge keine Zeit. Ich bin zu sehr damit beschäftigt, alles andere zu tun, was Gott mir zu tun aufträgt.

O, wie viel mehr Spaß kann das Leben machen, wenn wir das einsehen: Gott hat uns absichtlich unterschiedlich geschaffen! Er möchte, dass wir diese Unterschiede feiern und nicht darüber weinen. Sicher, manche Leute werden unsere Einzigartigkeit kritisieren. Von Zeit zu Zeit werden andere Mütter vielleicht den Kopf darüber schütteln, wie wir unsere Kinder erziehen und welche Entscheidungen wir treffen. Aber wenn wir Gottes Frieden und Freude erleben möchten, können wir unsere Zeit nicht damit verschwenden, den Leuten gefallen zu wollen.

Wir müssen herausfinden, was Gottes Plan für uns und unsere Kinder ist, und diesem Plan dann folgen.

Auf einer meiner Konferenzen kam einmal eine Mutter zum Gebet zu mir. Sie weinte. Als ich sie nach dem Grund fragte, sagte sie mir, dass dort, wo sie herkam, alle ihre Kinder selbst unterrichteten. »Die Leute denken, das sei das einzig Wahre, aber ich habe weder das mindeste Interesse noch die Begabung dazu. Ich hasse Homeschooling! Ich weiß, dass mich die anderen Mütter kritisieren und über mich herziehen, wenn ich meine Kinder in eine öffentliche Schule oder auch auf eine christliche Privatschule schicke. Was soll ich nur tun?«

Sie werden sich denken können, wie ich ihr antwortete. »Seien Sie Sie selbst. Seien Sie die Mutter, die Gott geschaffen hat. Gebrauchen Sie die Gaben, die er Ihnen gegeben hat. Folgen Sie Ihrer einzigartigen, individuellen Veranlagung. Versuchen Sie nicht, dem Programm irgendeines anderen Menschen zu folgen. Bleiben Sie Gottes Programm treu.«

Möglicherweise finden Sie es nicht leicht, diesen Rat auch im Umgang mit Ihren eigenen Kindern zu beherzigen. Besonders wenn eines oder zwei von ihnen zufällig kleine unabhängige Gänseküken sind, die nicht wie Sie denken und handeln. Wie die Muttergans in meinem Garten herausfand, ist es nicht leicht, ein Kind aufzuziehen, das eine Persönlichkeit hat, die der eigenen genau entgegengesetzt ist. Dennoch ist diese Herausforderung oft Teil des Abenteuers Muttersein.

Ich habe zum Beispiel eine Persönlichkeit, die manche Leute als *cholerisch* bezeichnen. Cholerische Menschen werden in erster Linie von Erfolg motiviert. Wir neigen dazu, sehr zielorientiert zu sein, produktiv, ernst, willensstark, herrisch und geradeheraus. Meine Tochter Laura war nicht sehr ambitioniert, brachte schlechte Schulnoten nach Hause und ging meiner Meinung nach wenig sorgsam mit ihren persönlichen Sachen um. Das führte zu vielen hitzigen Diskussionen, wobei ich immer versuchte, sie zu verändern und mir ähnlicher zu machen. Aber jetzt erkenne ich, dass sie die meiste Zeit vermutlich gar nicht verstand, was ich von ihr wollte. Wegen der Unterschiede in unseren Persönlichkeiten sahen wir die Dinge auf zwei unterschiedliche Weisen. Was uns im Leben motivierte, war genau entgegengesetzt. Ich bemühte mich, Dinge zu schaffen, und sie bemühte sich, Entspannung zu finden. Ich kümmerte mich um jedes winzige Detail von Dingen, sie bemerkte so etwas nicht einmal. Inzwischen, als Erwachsene und Mutter von vier Kindern, leistet sie nicht nur Großartiges in ihrer eigenen Familie, sondern sie hilft mir in vielen Einzelheiten meines Lebens. Kinder werden tatsächlich erwachsen und mit der richtigen Erziehung und viel Hilfe von Gott lernen sie, wie sie ihre Stärken einsetzen und ihre Schwächen in den Griff bekommen können.

Mein Sohn David war sehr willensstark und stur. Natürlich gerieten wir immer aneinander, weil ich genauso bin. Wenn zwei resolute Menschen ihren Willen durchsetzen wollen, wird immer einer unglücklich sein. Sandy war perfektionistisch und Danny ein energiegeladener Sanguiniker, der gerne Spaß hatte. Da meine vier Kinder also alle sehr unterschiedlich waren und ich noch nicht wusste, wie ich ihnen helfen konnte, sie selbst zu sein, hatten wir einige frustrierende Jahre miteinander. Ich bin sicher, dass Sie, genau wie ich damals, Ihre Kinder schon einmal angeschaut und gedacht haben: »Von welchem Planeten kommst du denn?« Manchmal ist es schwer zu begreifen, wie unterschiedlich sie alle sind. Wir müssen aber unbedingt lernen, unsere Kinder als die zu akzeptieren, die sie sind, und ihnen helfen zu werden, wie Gott sie gedacht hat. Wir dürfen sie nicht drängen, so zu werden, wie wir sie haben wollen.

Durch Gottes Gnade lernte ich schließlich eine wichtige Lektion aus den Erfahrungen, die ich mit meinen Kindern gemacht habe: Es ist niemals eine gute Idee, ein Kind mit einem anderen zu vergleichen. Es ist auch nie weise zu denken oder zu sagen: »Warum kannst du nicht mehr sein wie XY?« Solche Art von Kritik kann zu einem gebrochenen Herzen, zu Tränen, Rebellion und Unsicherheit führen.

Wagen Sie also nicht zu vergleichen. Vergleichen Sie die Kinder nicht miteinander oder mit sich selbst. Wagen Sie es, Ihr Kind in Übereinstimmung mit seiner individuellen Begabung oder Veranlagung zu erziehen. Selbst wenn es aus der Reihe tanzt, lassen Sie Ihr Kind in dem gut sein, wozu Gott es geschaffen hat.

Seien Sie Sie selbst. Seien Sie die Mutter,
die Gott geschaffen hat.
Gebrauchen Sie die Gaben, die er Ihnen gegeben hat.
Folgen Sie Ihrer einzigartigen, individuellen Veranlagung.
Versuchen Sie nicht, dem Programm
irgendeines anderen Menschen zu folgen.
Bleiben Sie Gottes Programm treu.

KAPITEL 12

Was sagen Sie?

Als ich meinen Sohn nach der Schule zum Auto kommen sah, wusste ich, dass die Arbeit nicht gut ausgefallen war. Mit hängenden Schultern und Tränen in den Augen war er ein Bild des Elends.

Er ließ sich auf den Beifahrersitz fallen, schlug die Tür zu und reichte mir das Arbeitsheft. Sofort stach mir die rote Sechs oben auf der Seite ins Auge.

»Mama, was soll ich denn noch tun?«, weinte er. »Ich habe alles versucht. Ich habe mein Bestes gegeben. Aber ich schaffe es einfach nicht.«

Mir brach es das Herz für ihn, aber sein Vater und ich wussten auch nicht mehr, wie wir ihm helfen konnten. Wir hatten Abend für Abend mit ihm über den Hausaufgaben gesessen. Wir hatten mit ihm für seine Arbeiten geübt. Wir hatten ihn gedrillt, bis er jede Frage perfekt beantworten konnte. Aber in der Schule verschwanden die Antworten wieder aus seinem Kopf.

Seit zwei Monaten waren seine Zensuren in die Katastrophenzone abgerutscht. Fünfen und Sechsen waren zur Norm geworden.

Natürlich hatte ich Gott mehrfach um sein Eingreifen gebeten, aber meine Gebete hatten scheinbar nichts genutzt. Als wir nach Hause kamen, ermutigte ich meinen Sohn noch einmal und zog mich dann zum neuerlichen Gebet zurück. »Das macht doch keinen Sinn, Herr!«, sagte ich. »Ich bin mit meiner Weisheit am Ende. Ich weiß einfach nicht, wie ich diese Situation ändern kann!«

Ich brauchte nicht lange auf eine Antwort zu warten. Fast sofort hörte ich seine Stimme in meinem Herzen.

»Proklamiere die Dinge, die nicht sind, als wären sie bereits da«, sagte er. »Hör auf, immer das Problem zu wiederholen. Beginne die Lösung gemäß meinem Wort auszusprechen!«

Erinnern Sie sich an die alte V-8-Reklame, wo sich Leute gegen die Stirn schlugen, als sie erkannten, dass sie das falsche Getränk gewählt hatten? So fühlte ich mich, als ich die Antwort des Herrn hörte. Ich wollte mir gegen die Stirn schlagen und sagen: »Was habe ich denn nur gedacht? Ich hätte schon längst das Wort Gottes über ihm aussprechen können!«

Schließlich hatte Gott mir schon vor Jahren beigebracht, wie viel Kraft unsere Worte haben. Verse wie die folgenden kannte ich auswendig:

- *Tod und Leben sind in der Gewalt der Zunge* (Sprüche 18,21).
- *Von der Frucht seines Mundes kann man sich satt essen an Gutem* (Sprüche 12,14).
- *Gute Menschen freuen sich an dem Guten, das ihre Worte bewirken* (Sprüche 13,2; NLB).
- *Wenn jemand zu diesem Berg hier sagt … und wenn er dabei in seinem Herzen nicht zweifelt, sondern glaubt, dass das, was er sagt, geschieht, wird es eintreffen* (Markus 11,23; NGÜ).
- *Denn wer das Leben lieben und gute Tage sehen will, der halte Zunge und Lippen vom Bösen zurück, dass sie nicht Trug reden* (1. Petrus 3,10).

Aus irgendeinem Grund war es mir jedoch nicht in den Sinn gekommen, diese Verse auf die Situation meines Sohnes anzuwenden. Das Ergebnis war, dass ich meinen eigenen Gebeten einen Riegel vorgeschoben hatte. Ich betete, dass er bessere Zensuren bekommen würde, aber dann ging ich hin und wiederholte das Problem immer wieder. Ich setzte mich abends mit Dave hin und sprach mit ihm darüber. Ich trank eine Tasse Kaffee mit meiner besten Freundin und sagte Dinge wie: »Wir können tun, was wir wollen – es hilft alles nichts. Unser Sohn schreibt trotzdem lauter Fünfen und Sechsen!«

Natürlich machte ich diese negativen Aussagen nicht in seinem Beisein, damit er sie nicht hörte. Aber der Teufel hörte sie und er nutzte sie als Lizenz, um das Problem aufrechtzuerhalten. So grub ich die Grube mit jedem Mal, wo ich darüber redete, ein Stück tiefer und machte es meinem Sohn noch schwerer herauszukommen. Tatsächlich gebrauchte ich meine Worte, um die Situation zu verschlimmern. Er kämpfte so sehr, dass er eine Versagensangst entwickelte. Mit seiner Angst und meinem negativen Bekenntnis waren wir dazu verurteilt, den Versagenskreislauf immer wieder zu durchlaufen, bis sich etwas änderte.

Glücklicherweise öffnete mir der Herr die Augen und zeigte mir, was ich da tat. Er öffnete mir die Augen dafür, welch gewaltige Macht ich freisetzen konnte, wenn ich meinen Sohn nicht länger durch meine Worte hinderte, sondern sie einsetzte, um ihm zu helfen. Indem er mich anwies, »Dinge zu proklamieren, die nicht sind, als wären sie bereits da«, erinnerte er mich an Abraham im Alten Testament.

Hätte Abraham das, was nicht war, nicht ins Dasein gerufen, wäre sein Sohn nicht geboren worden!

Wenn Sie die Geschichte in der Bibel gelesen haben, wissen Sie, was ich meine. Viele Jahre lang beteten und hörten Abraham und seine unfruchtbare Frau, wie Gott ihnen Nachkommen verhieß. Dennoch blieben sie kinderlos, solange sie immer wieder dieselben alten Worte sprachen. Als sie beide über neunzig waren, nahm Gott sie aber von ihrem eingefahrenen verbalen Gleis herunter. Er sagte zu Abraham:

> *Du wirst zum Vater einer Menge von Nationen werden. Und nicht mehr soll dein Name Abram [erhabener Vater] heißen, sondern Abraham [Vater einer Menge] soll dein Name sein! Denn zum Vater einer Menge von Nationen habe ich dich gemacht.*
>
> 1. Mose 17,4-5

Von da an redete dieses Ehepaar anders. Trotz aller Gegenbeweise begannen sie, Abram *Abraham* zu nennen, *Vater einer*

Menge. Zuerst wird es sich für sie (und alle ihre Freunde und Verwandten) wohl merkwürdig angehört haben, aber sie blieben dabei. Sie sagten ständig über sich, was Gott gesagt hatte … und schließlich wurden sie Eltern!

Der Dominoeffekt

Dies ist eine biblische Geschichte, die alle Mütter bedenken sollten! Sie zeigt, wie stark sich das, was wir sagen, auf unsere Kinder auswirkt – nicht nur vor ihrer Geburt, wie in Abrahams Fall, sondern auch während sie heranwachsen.

Die Heilige Schrift macht dies ganz deutlich: Aufgrund der geistlichen Autorität, die Gott uns über das Leben unserer Kinder gibt, können ihnen die Worte, die wir über sie sprechen, entweder Gutes oder Schlechtes zufügen. Elterliche Autorität hat Macht! Wie wir sie einsetzen, wirkt sich auf die nachfolgenden Generationen aus. In 2. Mose 20,5-6 beschreibt Gott es so:

> *Denn ich, der Herr, dein Gott, bin ein eifersüchtiger Gott, der die Schuld der Väter heimsucht an den Kindern, an der dritten und vierten Generation von denen, die mich hassen, der aber Gnade erweist an Tausenden von Generationen von denen, die mich lieben und meine Gebote halten.*

Ich sage Ihnen ganz offen, dass ich mit diesen Versen Schwierigkeiten hatte. Es erschien mir unfair, dass Gott zukünftige Generationen wegen der schlechten Entscheidungen ihrer Eltern leiden lassen sollte. Besonders weil ich als Kind selbst missbraucht wurde, verstand ich das nicht.

Als ich den Herrn dazu befragte, zeigte er mir, dass er das System der Autorität ursprünglich zu unserem Besten eingesetzt hat. Er wollte, dass Eltern ihre Autorität gebrauchen, um das Leben ihrer Kinder zu bereichern. Nachfolgende Generationen würden sich zu ihm wenden. Aber weil er den freien Willen respektiert, erlaubt er auch jedem Vater und jeder Mutter zu wählen, was sie tun wollen.

Wenn wir schlechte Entscheidungen treffen und gegen die Gebote in Gottes Wort rebellieren, werden wir nicht die Einzigen sein, die die traurigen Konsequenzen erleben; auch unsere Kinder, Enkel und Urenkel werden betroffen sein. Das ist die Schattenseite elterlicher Autorität. Und es ist sehr ernüchternd.

Es gibt aber auch eine gute Seite, und die ist viel mächtiger. Entscheiden wir uns, den Herrn zu lieben und ihm zu gehorchen, können wir die negativen Entwicklungen, die unsere Eltern und Großeltern mit ihren gottlosen Entscheidungen in Gang gesetzt haben, tatsächlich *umkehren*. Wir können einen Dominoeffekt auslösen, der Gottes heiligen, liebenden Einfluss für tausend kommende Generationen in unsere Familie bringt.

Alle Kinder müssen letzten Endes für sich selbst entscheiden, ob sie Gott folgen wollen oder nicht. Ziehen wir sie jedoch in einer Umgebung groß, in der Gott gegenwärtig ist, wird das ihre Entscheidung wesentlich beeinflussen. Wenn wir sie über den Herrn belehren und ihnen etwas vorleben, was seinen Charakter offenbart, wenn wir die geistliche Autorität ausüben, die Gott uns gegeben hat, indem wir in Übereinstimmung mit der Bibel Worte des Glaubens über unseren Kindern aussprechen, dann werden sie schon in jungen Jahren aufnahmebereit sein für den Herrn.

Der Einfluss einer gottgefälligen Mutter, die Gottes Wort über ihren Kindern ausspricht, kann nicht genug betont werden.

Denken Sie an den jungen Jünger Timotheus in der Apostelgeschichte, Kapitel 16. Timotheus war *der Sohn einer jüdischen gläubigen Frau* (Vers 1). Obwohl sein Vater ein unerlöster Grieche war, wurde Timotheus schließlich ein starker Leiter in der Urgemeinde. Warum? Wie der Apostel Paulus in 2. Timotheus 1,5 an ihn selbst schrieb: *Denn ich erinnere mich des ungeheu-*

chelten Glaubens in dir, der zuerst in deiner Großmutter Lois und deiner Mutter Eunike wohnte, ich bin aber überzeugt, auch in dir.

Beachten Sie, dass es in Timotheus' Fall seine Mutter und Großmutter waren, die Gottes Einfluss in das Haus gebracht hatten. Da war kein christlicher Vater, der dabei mithalf. Timotheus' Mutter war mit einem Nichtchristen verheiratet. Doch in der Familie bewahrheitete sich, was Paulus in 1. Korinther 7,13-14 (NLB) schrieb:

> *Und wenn eine gläubige Frau einen ungläubigen Ehemann hat und er bereit ist, weiter mit ihr zu leben, darf sie ihn nicht wegschicken. Denn der ungläubige Mann ist durch die Frau geheiligt … Sonst stünden eure Kinder nicht unter Gottes Segen; doch so gehören sie ihm.*

Sollte Ihr Mann nicht für den Herrn leben, lassen Sie sich dadurch trösten: Die Finsternis kann das Licht nie überwinden. Selbst wenn Ihr Ehemann Ihren Kindern kein gutes Vorbild ist: Solange Sie weiterhin Gottes Wege gehen, wird sich am Ende Ihr Einfluss durchsetzen und einen Unterschied im Leben Ihrer Kinder bewirken.

Sage ich damit, dass sie mit hundertprozentiger Sicherheit Gott nachfolgen werden, ohne darin je zu versagen?

Nein, das sage ich nicht. Kein Elternteil – egal wie wunderbar sein Einfluss auch sein mag – hat diese Garantie. Schließlich war Gott der vollkommene Vater und sein Sohn, Adam, rebellierte gegen ihn. Am Ende rückte Gott allerdings alles wieder gerade, sogar in Adams Leben. In den meisten Fällen können wir dasselbe mit unseren Kindern tun, indem wir uns fest auf das Wort Gottes stellen, eine positive Haltung beibehalten und (selbst wenn es eine Weile etwas chaotisch und unschön sein mag) nicht nachlassen zu glauben, dass wir unser Kind *seinem Weg gemäß [erziehen]; er wird nicht davon weichen, auch wenn er älter wird* (Sprüche 22,6).

Lassen Sie Ihre Worte wirken

An dem Tag, an dem Gott mit mir über die Zensuren meines Sohnes sprach, erinnerte ich mich, dass es zu seiner Art von Erziehung gehört, Worte des Glaubens über den Kindern auszusprechen. Das ist sogar ein wesentlicher Bestandteil unserer elterlichen Verantwortung. Gott fordert uns auf, unsere Kinder zu *segnen* und ihnen nicht zu *fluchen*. In der Bibel bedeutet das hebräische Wort, das als »segnen« übersetzt wird, *gut sprechen von*, und das Wort »fluchen« bedeutet *übel sprechen von*.

Ich werde nie vergessen, was Dave mir dazu sagte. Wir hatten darüber diskutiert, was geschieht, wenn Eltern negativ über ihre Kinder reden. Er erzählte mir etwas, worüber er bis zu dem Zeitpunkt noch nie gesprochen hatte.

In den ersten Jahren unserer Ehe, sagte er, als ich so hart, unfreundlich und schwierig im Umgang war, machte Gott ihm klar: Wenn er, Dave, mit anderen Leuten über meine Probleme reden würde, würde das Werk, das Gott in mir tun wollte, Schiffbruch erleiden. Dave wusste in seinem Herzen, dass das stimmte, obwohl er nie irgendeine Bibellehre über die Macht der Worte gehört hatte. Er entschloss sich also, den Mund zu halten.

»Joyce«, sagte er, »manchmal verletzten mich dein Verhalten und deine bissigen Bemerkungen so sehr, dass ich allein irgendwohin gehen und weinen musste. Aber ich habe nie einer Person davon erzählt. Ich habe nicht aufgehört zu glauben, dass Gott das gute Werk, das er in dir begonnen hatte, zu Ende führen und dir helfen würde, die Frau zu werden, die du seiner Aussage nach eines Tages sein würdest.«

Stellen Sie sich vor, wie leicht es damals für Dave gewesen wäre, zu seiner Mutter oder seiner Schwester zu gehen (die beide direkt unter uns wohnten) und ihnen zu erzählen, wie unmöglich ich war! Aber das tat er nicht. Ich werde ihm ewig dankbar sein, denn wenn er es getan hätte, dann bin ich nicht sicher, ob ich die Frau geworden wäre, die ich heute bin. Dave hat dazu eine ganz entschiedene Meinung. Er ist davon überzeugt: Über die Probleme zu sprechen, gehört zu den katastrophalsten Dingen, die Mütter und Väter tun können, die entweder Schwierigkeiten miteinander oder mit ihren Kindern haben.

Ich will hier nicht unrealistisch sein. Man darf es nicht übertreiben. Es wird Zeiten geben, in denen Sie es als Mutter für nötig halten, mit anderen eine schwierige Situation zu besprechen, die Ihr Kind betrifft. Sie müssen vielleicht mit Ihrem Mann über das Problem reden, Ihrem Pastor oder einem Lehrer in der Schule, um sicherzustellen, dass Ihr Kind die Hilfe und Unterstützung bekommt, die es braucht.

Aber selbst dann können Sie positiv über das Kind sprechen. Sie können es inmitten seiner Schwierigkeiten segnen, indem Sie Ihren Glauben zum Ausdruck bringen, der nicht auf den Problemen des Kindes gegründet ist, sondern auf Bibelstellen wie den folgenden:

> *Halleluja! Glücklich zu preisen ist, wer dem Herrn in Ehrfurcht begegnet, wer Gottes Gebote mit Freude befolgt. Seine Nachkommen werden im ganzen Land einflussreich sein. Ja, sie alle, die aufrichtig vor Gott leben, werden von ihm gesegnet.*
>
> Psalm 112,1-2 (NGÜ)

> *Die Kinder all derer, die dir dienen, dürfen im Land wohnen bleiben, und ihre Nachkommen werden vor dir Bestand haben.*
>
> Psalm 102,29 (NGÜ)

> *Und alle deine Kinder werden von dem Herrn gelehrt, und der Friede deiner Kinder wird groß sein.*
>
> Jesaja 54,13

> *Die Gnade des Herrn aber währt von Ewigkeit zu Ewigkeit über denen, die ihn fürchten, seine Gerechtigkeit bis zu den Kindeskindern.*
>
> Psalm 103,17

Ja, so spricht der Herr: Auch der Gefangene des Helden wird ihm genommen, und die Beute des Gewaltigen wird entkommen. Wer dich angreift, den werde ich angreifen; und deine Söhne werde ich retten.

Jesaja 49,25

Ich bin glücklich, sagen zu können, dass ich begann im Zusammenhang mit den Zensuren meines Sohnes diese Art von Aussagen auszusprechen, nachdem der Herr mich an die Bibelstellen erinnert hatte. Ich wandte sie konkret auf seine Situation an und sagte: »Er bekommt gute Zensuren. Er bekommt Einsen und Zweien.«

Was passierte?

Meine Worte wirkten und kurze Zeit später änderten sich die Dinge. Seine Zensuren wurden besser, zwar nicht perfekt, aber doch viel besser. Wenn ich ihn nach der Schule abholte, war er nicht mehr niedergeschlagen und ängstlich. Eins ist sicher: Negative Kommentare über unsere Kinder haben das Potenzial, sie zu verletzen und ihre Situation zu verschlechtern. Doch positive, glaubensvolle Worte verletzen niemanden, sondern werden sehr wahrscheinlich in der jeweiligen Situation helfen.

KAPITEL 13

Das Leben Ihres Kindes formen

Ich lehrte einmal ein Seminar mit dem Titel *Das Leben Ihrer Kinder formen*. Darin stellte ich den Zuhörern die folgende Frage: Wie viele von Ihnen wurden von ihren Eltern auf gesunde, ausgewogene Weise bestraft? Nur sehr wenige hoben die Hand.

Ich sah die Gruppe an und dachte mir: Viele wunderbare christliche Eltern haben wenig Zuversicht in die eigene Fähigkeit, ihre Kinder zu korrigieren und zu bestrafen, weil sie selbst keine guten Vorbilder hatten. Sie möchten es nicht so machen wie ihre Eltern, wissen aber auch nicht, wie sie es besser hinbekommen können.

Ich weiß, wie das ist. Wenn ich meine Kinder in den ersten Jahren als Mutter einmal bestrafen musste, tat ich es mal so und mal so. In einem Moment behandelte ich sie vielleicht zu streng, denn ich habe eine starke, herrische Persönlichkeit. Im nächsten Moment erstickte ich sie dann unter einer Lawine von Mitleid, weil ich Angst hatte, sie zu verletzen, wie mich mein Vater verletzt hatte. Dann sagte ich ihnen immer und immer wieder, wie leid es mir täte, dass ich sie korrigieren musste. Sicher wünschten sie sich irgendwann verzweifelt, ich würde endlich aufhören zu reden und die Bestrafung hinter mich bringen.

Ich hatte ein sehr schlechtes elterliches Vorbild, als ich aufwuchs. Deshalb packte ich die Aufgabe zuerst auch nicht richtig an, aber der Herr half mir dabei. Im Laufe der Zeit entdeckte ich vier biblische Wahrheiten, die mich in die richtige Richtung wiesen. Ich würde zwar nie behaupten, auf dem Gebiet ein Experte zu sein, aber ich glaube, diese Wahrheiten werden auch Ihnen helfen, wenn Sie durch die manchmal holperigen Wege der Erziehung und des Korrigierens navigieren.

Erstens: Vergessen Sie nicht, Korrektur ist in erster Linie Liebe

Als Mütter müssen wir so lange darüber nachdenken, bis wir uns an den Gedanken gewöhnen: Echte Liebe ist nicht immer zuckersüß, zärtlich und schnulzig. Sie hat auch eine strenge Seite – eine Seite, die sich anfangs für die Emotionen unserer Kinder nicht gut anfühlt, ihnen aber später im Leben großen Gewinn bringen wird.

Kinder brauchen diese strenge Art von Liebe genauso wie die warme, flauschige Art. Aber leider zögern viele Mütter, sie zu geben. Manchmal (wie in meinem Fall) liegt das daran, dass sie als Heranwachsende zu hart behandelt wurden und ihren Kindern nicht denselben Schmerz zufügen wollen. In anderen Fällen hat es damit zu tun, dass sie unsicher sind und Angst haben, ihre Kinder könnten wütend werden und sie abweisen. Außerdem kann es einfach daran liegen, dass es niemandem Spaß macht, die harte Seite der Liebe anzuwenden.

Die meisten von uns haben das herausgefunden, als wir zum ersten Mal ein Kleinkind zum Einkaufen mitnahmen. Als wir den Einkaufswagen durch die Keksabteilung schoben, fing unser kleiner Liebling an zu brüllen, weil er eine Schachtel Kekse haben wollte, und zwar *sofort!* Da mussten wir eine Entscheidung treffen. Was würden wir tun?

Würden wir Nein sagen und das Risiko eines ausgewachsenen Tobsuchtsanfalls in der Öffentlichkeit eingehen, unter den neugierigen Blicken anderer Kunden? Würden wir die Unbequemlichkeit auf uns nehmen, ein strampelndes, schreiendes Kleinkind zum Auto zu lotsen, um es so zu korrigieren, wie es unserer Meinung nach für das Kind nötig wäre? Oder würden wir seinen Forderungen einfach nachgeben?

Wir alle waren schon versucht, die letzte Möglichkeit zu wählen. Schließlich wollen wir unsere Kinder nicht weinen sehen. Wir wollen auch keine Maßregeltortur durchlaufen, die uns das Gefühl gibt, selbst weinen zu wollen. Aber dennoch können wir unsere Gefühle beherrschen und das Richtige tun, wenn wir uns vor Augen halten, dass wir damit Gottes Beispiel folgen. Damit lieben wir unsere Kinder so, wie er uns liebt.

> *Denn wen der Herr liebt, den erzieht er mit der nötigen Strenge; jeden, den er als seinen Sohn annimmt, lässt er auch seine strafende Hand spüren.*
>
> Hebräer 12,6 (NGÜ)

Wenn wir unseren Kindern diese Korrektur vorenthalten, sind wir tatsächlich lieblos. Indem wir ihnen (und uns) heute das kurzfristige Unbehagen ersparen, das mit der Auseinandersetzung mit ihrem schlechten Benehmen einhergeht, bereiten wir ihnen morgen größere Schmerzen. Wir lehren unsere Kleinkinder dann zum Beispiel, dass sie nie auf irgendetwas warten müssen, sondern durch Fordern und Quengelei sofort bekommen können, was sie haben wollen.

Solch eine Lektion wird sie in den kommenden Jahren teuer zu stehen kommen.

Stellen Sie sicher, dass Ihre Kinder diesen Preis nicht zahlen müssen. Tun Sie, was für sie am besten ist. Geben Sie Ihren Kindern nicht nur die zärtliche, sondern auch die harte Seite der Liebe.

Und wenn Sie versucht sind, das zu vermeiden, weil es schwer ist, denken Sie daran, dass die Bibel sagt:

> *Mit strenger Hand erzogen zu werden tut weh und scheint zunächst alles andere als ein Grund zur Freude zu sein. Später jedoch trägt eine solche Erziehung bei denen, die sich erziehen lassen, reiche Früchte: Ihr Leben wird von Frieden und Gerechtigkeit erfüllt sein.*
>
> Hebräer 12,11 (NGÜ)

Wir alle wollen, dass unsere Kinder uns mögen und uns toll finden. Aber es ist nicht immer möglich, gleichzeitig ihre Eltern und ihre besten Freunde zu sein. Wenn Sie entscheiden müssen, dann entscheiden Sie auf jeden Fall, gute Eltern zu sein; die Freundschaft wird dann zur rechten Zeit kommen.

Zweitens: Strafe mit Aktion, nicht Emotion

Frauen allgemein und Mütter im Besonderen sind eher emotionale Geschöpfe. In vielerlei Hinsicht ist das wunderbar. Es hilft uns, den Gefühlen unserer Kinder gegenüber sensibel zu sein, sodass wir ihnen eine Extraumarmung oder ein ermutigendes Wort geben können, wenn sie es benötigen. Es hilft uns, aufgeschürfte Knie küssen und junge Herzen beim ersten Liebeskummer trösten zu können.

Aber in Bezug auf Bestrafung können Emotionen problematisch sein.

Das ist etwas, was ich als junge Mutter nicht verstanden habe. Wenn meine Kinder nicht gehorchten und bestraft werden mussten, dachte ich, ich sollte wenigstens etwas wütend auf sie sein. Deshalb schrie ich sie an und war eine Weile ärgerlich. Ich nahm an, mein Zorn würde sie motivieren, ihr Verhalten zu ändern.

Das war natürlich nicht der Fall. In der Bibel finden wir auch einen Grund dafür: *Denn eines Mannes Zorn wirkt nicht Gottes [die von Gott gewünschte und geforderte] Gerechtigkeit* (Jakobus 1,20). So ist es auch mit jeder anderen Art von Gefühlsausbruch. Deshalb geschieht effektive Bestrafung in Form von Aktion, nicht in Form von Emotion.

Mein Mann Dave hatte das anscheinend schon begriffen, als wir Eltern wurden. Vielleicht weil er als Mann weniger emotional ist. Oder vielleicht auch weil er geistlich reifer war als ich damals. Aus welchem Grund auch immer, er ließ seine Gefühle selten Einfluss nehmen, wenn er die Kinder bestrafte.

Er setzte sich vielmehr ruhig mit ihnen hin und erklärte ihnen, was sie falsch gemacht hatten. Er zeigte ihnen im Wort

Gottes, warum ihr Verhalten nicht akzeptabel war. Dann sagte er ihnen, welche Konsequenzen er ihnen auferlegen würde. »Weil du das gemacht hast, wirst du heute Abend nicht mit deinen Freunden ins Kino gehen«, erklärte er zum Beispiel. Dann nahm er sie in den Arm, sagte ihnen, dass er sie liebe, und das war alles.

Wenn sie mit seiner Entscheidung auch nicht immer glücklich waren, funktionierte es doch großartig. Aber aus irgendeinem Grund kam es mir nicht in den Sinn, seinem Beispiel zu folgen. Ich musste meine eigene Erkenntnis dazu von Gott bekommen. Wie das geschah, werde ich nie vergessen. Ich hatte gerade studiert, was die Bibel über Korrektur zu sagen hat, und besonders zwei Verse erregten meine Aufmerksamkeit. Einer war Psalm 119,7 (NGÜ), wo David sagte:

> *Mit aufrichtigem Herzen will ich dir danken, wenn ich immer besser deine Rechtsordnung befolgen lerne [durch wertvolle Erfahrungen].*

Der andere Vers war Sprüche 19,18 (NLB):

> *Strafe dein Kind, solange es noch Hoffnung gibt. Aber [gib deinem Zorn nicht nach mit ungebührlicher Bestrafung und] lass dich nicht dazu hinreißen, es zu töten.*

Als ich diese beiden Bibelstellen zusammen betrachtete, sah ich zum ersten Mal ganz deutlich, dass Gott nicht wollte, dass ich meine Kinder auf emotionale Weise bestrafte. Er wollte, dass ich klar, gerecht und handlungsorientiert war. Es ging darum, ihnen *wertvolle Erfahrungen* zu vermitteln, die ihnen helfen würden, richtiges Verhalten zu lernen.

Fast zur gleichen Zeit sorgte mein Sohn Danny dafür, dass ich das Gelernte in die Praxis umsetzen konnte. Er hatte sich von seiner Schwester einen Tennisball ausgeliehen. Statt ihn nach dem Spielen zurückzugeben, hatte er ihn verloren. Sie beklagte sich bei mir darüber und ich musste entscheiden, was zu tun wäre.

Anders als bisher reagierte ich also nicht aus Irritation oder irgendeinem anderen Gefühl heraus, sondern hielt inne, betete und überlegte, wie ich mich verhalten sollte. Dabei wurde mir klar, dass der verlorene Tennisball eine Schwäche in Dannys Charakter repräsentierte. Sachen zu verlieren (besonders wenn sie ihm nicht gehörten), war für ihn zu einem Verhaltensmuster geworden. Er hatte nicht gelernt, wie wichtig es ist, sorgfältig mit dem Eigentum anderer Leute umzugehen.

Ich wusste, es würde ihm nicht dienen, wenn ich dieses Verhaltensmuster einfach duldete. Deshalb entschied ich, welche Konsequenzen sein Verhalten nach sich ziehen sollte, ging in sein Zimmer und informierte ihn darüber. In ruhigem, friedlichem Ton erklärte ich ihm, dass die Bibel lehrt, wir sollten andere so behandeln, wie wir selbst behandelt werden wollen. Das bedeutete auch, dass er die Sachen, die er sich von anderen auslieh, sorgfältig behandeln müsse. Dann sagte ich ihm, er dürfe eine Woche lang nicht angeln gehen, weil er nicht auf Sandys Tennisball geachtet habe.

Angeln war damals Dannys liebstes Hobby; diese Strafe tat ihm also wirklich weh. Aber darum ging es ja. Ich wollte, dass er genügend Schmerz verspürte, sodass er sich daran erinnern und herausgefordert sein würde, sein Verhalten zu ändern.

Früher hätte er mir in dieser Situation leidgetan. Ich hätte ihn bemitleidet und eine Stunde lang auf ihn eingeredet und ihm gesagt, wie sehr ich mir wünschte, ich müsste ihn nicht bestrafen. Ich hätte ihn wissen lassen, dass ich es nur zu seinem Besten tue und hoffte, er würde mein Herz verstehen und dass es mir mehr wehtue als ihm … und was auch immer mir in den Sinn gekommen wäre. Dann hätte ich höchstwahrscheinlich nach zwei Tagen klein beigegeben und ihn angeln gehen lassen, noch bevor die Woche herum war. Mit anderen Worten, ich hätte die Korrektur emotional gegeben und ihn dann aufgrund meiner Emotionen vorzeitig daraus entlassen.

Diesmal aber sagte ich einfach: »Ich liebe dich«, drehte mich um und ging aus seinem Zimmer. Ich wusste genau, dass er eine Woche lang nicht angeln gehen würde.

Noch bevor ich die Tür erreicht hatte, hielt Danny mich auf. »Mom«, sagte er, »danke, dass du mich korrigierst.«

Mir war sofort klar, dass das nicht nur er gesagt hatte. Es war der Herr, der durch Dannys Worte zu mir sprach. Es war Gott, der sagte: »Gut gemacht, Joyce! Endlich hast du es verstanden!«

Ich bin sicher, die gesamte Familie war sehr froh darüber.

Drittens: Es geht nicht um Ihren persönlichen Geschmack, sondern darum, was Gott gefällt

Das ist etwas, was wir Mütter leicht vergessen: Eigentlich dient das Bestrafen dazu, unseren Kindern beizubringen, wie sie Gott gefallen. Wir wollen ihnen nicht beibringen, wie sie uns gefallen.

Bevor wir also Regeln aufstellen und versuchen, diese durchzusetzen, sollten wir sicher sein, dass sie auf dem Wort Gottes basieren und nicht nur auf unseren eigenen Vorlieben. Sonst werden sich unsere Kinder schließlich gegen diese Regeln auflehnen und rebellieren, statt Gott gefallen zu wollen.

Das erlebte ich in gewisser Weise mit meiner Tochter Laura. Als Kind hatte sie ein völlig anderes Verständnis von Ordnung und Sauberkeit als ich. Selbst wenn sie der Meinung war, ihr Zimmer durchaus gut aufgeräumt zu haben, sah es für mich immer noch so aus, als sei eine Bombe eingeschlagen. Ich kritisierte sie also ständig wegen der Unordnung, die sie im Haus verursachte. Ich kämpfte kleine Schlachten mit ihr, nicht weil sie wirklich so vieles falsch machte, sondern weil ich gerne immer alles ordentlich und sauber habe. Ich wollte, dass Laura sich verhielt, wie es mir gefiel.

Ehrlich gesagt ritt ich bei allen drei älteren Kindern immerzu darauf herum, dass sie ordentlich sein sollten. Ständig sagte ich: »Heb deine Spielsachen auf! Wasch dich!«, nicht weil es in irgendeiner Weise aus biblischer Sicht verkehrt wäre, mal ein paar Spielsachen auf dem Fußboden liegen oder seine Haare ungekämmt zu haben, sondern weil ich persönlich Unordnung und Staub hasste.

Meine Einstellung war besonders für Laura schwer, weil sie die meiste Unordnung, über die ich mich ärgerte, nicht einmal wahrnahm. Laura durchlebte schließlich eine kurze rebellische Phase in der Highschoolzeit. Obwohl das vielleicht sowieso passiert wäre, hat die angespannte Beziehung zwischen uns sicher nicht geholfen. Sie begann mit jungen Leuten Zeit zu verbringen, die keinen guten Einfluss auf sie hatten. Eine Weile machte ich mir große Sorgen. Da unsere Beziehung nicht so gut war, schenkte sie meinen Ratschlägen aber keine besondere Aufmerksamkeit.

Das ist jetzt natürlich lange her. Heute haben wir eine sehr gute Beziehung. Jetzt wo sie hinter ihren eigenen Teenagern herräumen muss, würde sie sicher sagen, sie hätte damals ordentlicher und weniger rebellisch sein sollen. Aber im Rückblick kann ich sehen, dass ich meinen Anteil an ihrer Sturheit hatte. Es wäre weiser gewesen, ihr mehr Freiraum zuzugestehen und die Anweisungen von Epheser 6,4 (Hfa) zu beachten: *Behandelt eure Kinder nicht ungerecht! Sonst fordert ihr sie nur zum Widerspruch heraus. Eure Erziehung soll sie vielmehr in Wort und Tat zu Gott, dem Herrn, hinführen.*

Ich hätte sowohl Laura als auch mir selbst manchen unnötigen Ärger ersparen können, wenn ich mich mehr darauf konzentriert hätte, ihr zu helfen, dass sie lernt, Jesus zu gefallen, und sie weniger gedrängt hätte, mir zu gefallen.

Viertens: Die Kinder im Griff haben – ohne kontrollierend zu sein

Das Konzept der Kontrolle über Kinder mag heutzutage nicht populär sein, aber es ist für Gott sehr wichtig. Die Bibel erzählt von einem Vater, der das auf die harte Tour entdeckte. Es war ein jüdischer Priester namens Eli.

In alttestamentlichen Zeiten diente er zusammen mit seinen beiden Söhnen im Tempel. Er hatte seine Söhne allerdings eindeutig nicht im Griff. Das Ergebnis war, dass sie ein kaum vorstellbares Verhalten an den Tag legten. Sie betrogen Menschen, die zur Anbetung kamen, um ihre Opfergaben für den Herrn und vergnügten sich sexuell mit den Frauen unter den Tempelbesuchern.

Schließlich verlor der Herr in dieser Situation seine Geduld. Er urteilte über Eli: *Denn ich habe ihm mitgeteilt, dass ich sein Haus für ewig richten will um der Schuld willen, denn er hat erkannt, dass seine Söhne sich den Fluch zuzogen [Gott lästerten], aber er hat ihnen nicht gewehrt* (1. Samuel 3,13).

Dieser Vers hat mich immer verwirrt. Er schien einer anderen Bibelstelle zu widersprechen, wo es heißt, dass Eli eben doch mit seinen Söhnen über ihr schlechtes Verhalten gesprochen hatte, dass sie aber nicht auf ihn hörten. Eines Tages fragte ich Gott danach. Ich sagte: »Herr, warum wurde Eli verurteilt, obwohl er seine Kinder zurechtgewiesen hatte?«

Gott zeigte mir in seiner Antwort, dass Eli ausschließlich geredet und nichts unternommen hatte. Als der für den Tempeldienst zuständige Priester hätte er sie von ihrer dortigen Position absetzen und ihnen ihre Autorität entziehen können. Aber das tat er nicht. Deshalb machte Gott auch ihn für ihre Sünden verantwortlich.

Offensichtlich war dies eine besonders ernste Situation, weil Elis Familie im Tempel diente. Gott musste hier streng sein. Das alles geschah unter dem Alten Bund, der auf dem Gesetz basierte, während der Neue Bund durch Christus auf Gnade basiert.

Dennoch kann ich Elis Dilemma nachvollziehen. Da ich selbst einem geistlichen Werk vorstehe und meine Kinder für mich arbeiten, kann ich mir vorstellen, wie schlimm es wäre, eines meiner eigenen Kinder entlassen zu müssen, weil es sich nicht gottgefällig verhält. Es wäre sehr schmerzlich und sicher auch peinlich.

Doch genau das forderte Gott von Eli – und daran erkennen wir, wie ernst es ihm damit ist, dass wir unsere Kinder unter Kontrolle haben.

Zum Glück wird keiner von uns in dieselbe Situation kommen wie Eli. Aber wir können davon lernen. Wir können sicherstellen, dass wir mehr tun als nur mit unseren Kindern über ihr Fehlverhalten zu sprechen.

Allerdings ist noch etwas wichtig. Kinder im Griff zu haben, bedeutet nicht, kontrollierend zu sein. Kontrollierende Eltern rufen das Schlimmste in ihren Kindern wach. Sie dominieren diese derart, dass entweder die Flammen der Rebellion entfacht werden oder eine so starke Abhängigkeit zu den Eltern entsteht, dass die Kinder nie erwachsen werden.

»Aber, Joyce«, sagen Sie nun vielleicht, »wie finde ich die richtige Balance? Wie übe ich Kontrolle aus, ohne kontrollierend zu sein?«

Ein Schlüssel ist zu erkennen, dass Sie nicht als Einzige damit beschäftigt sind, das Leben Ihres Kindes zu formen. Gott ist auch daran beteiligt und ebenso Ihr Kind selbst. Jeder der Beteiligten spielt eine Rolle.

Als Eltern haben Sie die Aufgabe, für Ihre Kinder zu beten und sie zu lehren, was die Bibel darüber sagt, wie man leben soll. Es gilt Richtlinien aufzustellen, denen Ihre Kinder folgen sollen, und Konsequenzen zu bestimmen, die zum Tragen kommen, wenn sie nicht gehorchen. Falls nötig ziehen Sie diese Konsequenzen dann auch durch. Gottes Part ist es, an dem Herzen Ihrer Kinder zu arbeiten, und ihnen zu helfen, ihre innere Einstellung zu verändern. Ihre Kinder haben die Aufgabe zu entscheiden, was sie tun werden.

Eltern geraten aus der Balance, wenn sie versuchen, alle drei Bereiche in diesem Prozess selbst zu managen. Diesem Fehler können Sie vorbeugen, indem Sie nur Ihren Teil tun, Gott für den seinen vertrauen und Ihr Kind entscheiden lassen, sein Verhalten entweder zu verändern oder die Konsequenzen zu tragen.

Eine andere Möglichkeit, eine gesunde Balance zu halten, ist, den Kindern zunehmend mehr Verantwortung für ihr eigenes Leben zu überlassen. Erlauben Sie ihnen nach und nach, entsprechend ihrer Reife, einige Entscheidungen selbst zu treffen. Versuchen Sie nicht, jede ihrer Bewegungen zu kontrollieren, bis sie zwanzig und dann plötzlich auf sich allein gestellt sind. Dann werden sie dafür nicht bereit sein, weil sie keine Fähigkeiten entwickelt haben, selbst Entscheidungen zu treffen.

»Aber was ist, wenn sie schlechte Entscheidungen treffen?«, fragen Sie vielleicht. »Was passiert, wenn sie beschließen, mit verrückten Klamotten zur Schule zu gehen oder sich die Haare seltsam schneiden lassen? Das könnte sich auf die Meinung anderer von ihnen auswirken. Sollte ich nicht zu ihrem eigenen Wohl eingreifen?«

Nicht unbedingt. Oftmals müssen Kinder ein paar schlechte Entscheidungen treffen, damit sie lernen, Dinge zu Ende zu denken. Manchmal brauchen sie auch einfach die Freiheit, ihrer eigenen Persönlichkeit Ausdruck zu verleihen und ihren ganz eigenen, einzigartigen Geschmack zu genießen.

Das musste ich lernen, als Danny ein Teenager war. Ich hatte ihm nach und nach mehr Verantwortung übertragen und ihn eigene Entscheidungen bezüglich Kleidung, Haarschnitt, Freunde usw. treffen lassen. Nun beschloss er, sich eine Art Punkfrisur machen zu lassen. Dave hatte damit kein Problem, aber mir ging das entschieden zu weit. Meiner Meinung nach sah es einfach blöd aus, einen Teil des Haars hochstehen zu haben, während der Rest überall herunterhing.

Dann fiel mir aber ein, wie lächerlich ich wahrscheinlich ausgesehen hatte, als ich selbst Teenager war. Wie alle anderen

Mädchen in meinem Alter trug ich einen Schal um den Kopf, der unter dem Kinn verknotet war. Wie merkwürdig sah das wohl aus? Dennoch hatte es mir gefallen. Und im Grunde genommen – wenn man das große Ganze betrachtet –, machte es auch überhaupt nichts aus.

Ich dachte eine Weile nach und mir wurde klar, dass meine Weigerung, Danny seine merkwürdige Frisur zu erlauben, nichts damit zu tun hatte, dass er unter Gottes Kontrolle bleiben sollte. Es ging mir vielmehr darum, dass ich ihn kontrollieren wollte. Also entschied ich, dass er sich die Haare hochfrisieren lassen durfte. Es hatte keinerlei negative Auswirkungen auf sein Leben, nach einer Weile begann es mir sogar zu gefallen. Wichtiger noch, Danny vermittelte es ein Gefühl von Freiheit und Kontrolle über sein eigenes Leben, was er damals brauchte. Aber das Beste war, dass es meine Beziehung zu ihm stärkte.

Mir gefällt, was James Dobson über diese Dinge sagte: »Werfen Sie Ihre Freundschaft mit Ihrem Teenager nicht aufgrund von Verhaltensweisen weg, die keine große moralische Bedeutung haben. Es wird noch genug Streitpunkte geben, bei denen Sie wie ein Fels stehen müssen. Bewahren Sie Ihre Munition für diese wirklich wichtigen Konfrontationen auf.« Wählen Sie Ihre Kämpfe mit Bedacht!

Wenn Sie wirklich effektiv korrigieren und bestrafen wollen, dann halten Sie sich an das, was wichtig ist. Wenden Sie danach Ihre Aufmerksamkeit einem der schwierigsten Bereiche der Elternschaft zu – loslassen zu lernen.

KAPITEL 14

Die Dinge einfach halten

Wenn ich nicht kürzlich einen Artikel im Internet gelesen hätte, wüsste ich gar nicht, dass es so etwas wie *Pinterest Stress* überhaupt gibt. Mir wäre auch nicht bewusst, dass 42 Prozent aller Mütter behaupten, manchmal unter diesem Stress zu leiden, nachdem sie die Internetseite mit Basteltipps, Partythemen und Rezepten besucht haben. Aber jetzt, seit ich von diesem Zustand weiß, hoffe ich von Herzen, dass Sie nicht auch zu den derart Leidenden zählen.

Dem Artikel nach zu urteilen, sind die Symptome dieses »Zustands« furchtbar,[8] nämlich: bis 3.00 Uhr aufbleiben, um sich durch Webseiten mit selbst gebackenen Geschenken für die Partygäste zu klicken und über die Tatsache zu trauern, dass man diese letzten Endes doch im Ein-Euro-Laden kaufen wird. Über den verbrannten Überresten der teuren Zutaten zu heulen, die eigentlich wunderhübsche Häschenkekse für ein Schulfest hätten werden sollen. Durchdrehen, weil die Valentinsgeschenke, die Sie für die Party Ihres Kindes tatsächlich hinbekommen haben, von denen einer anderen Mutter übertroffen wurden. Und derlei Traumata mehr.

Aua. Das hört sich schlimm an. Wenn ich darüber nachdenke, könnte ich froh sein, dass meine Kinder heranwuchsen, bevor Do-it-yourself-Webseiten wie *Pinterest* erfunden wurden. Es könnte mich dankbar machen, dass das Leben in den Präinter-

8 Lyz Lenz: »How to Raise a Kid Who Isn't Whiny and Annoying«, *Huffington Post*, 9. Mai 2013, http://www.huffingtonpost.com/lyz-lenz/how-to-raise-a-kid-who-isnt-whiny-and-annoying_b_3248085.html, Zugriff am 11.7.2014.

netzeiten – als ich versuchte, gleichzeitig eine gute Mutter zu sein und alles andere, was ich zu tun hatte, hinzubekommen –, ein bisschen einfacher war.

Könnte es … nur: Auch damals war das Leben nicht einfach. Das ist es seit Tausenden von Jahren nicht. Seit ihrer Vertreibung aus dem Paradies verkomplizieren Menschen das Leben.

Mütter sind da keine Ausnahme. Wenn Sie daran zweifeln, dann machen Sie einfach einmal eine Umfrage. Fragen Sie alle Mütter in Ihrem Bekanntenkreis, ob sie gerade viel zu tun haben. Fast ausnahmslos werden Sie zur Antwort bekommen: »Aber ja!« Dann werden Sie im Einzelnen hören, wie hektisch und anstrengend der Zeitplan dieser Mütter ist. Egal ob es sich um Vollzeithausfrauen oder berufstätige Mütter handelt, alleinstehende oder verheiratete, Sie werden merken, dass wir alle unsere Tage so vollgepackt haben mit Anforderungen und Aktivitäten, dass wir auch nicht eine einzige zusätzliche Sache dazwischenquetschen könnten.

Wenn Jesus persönlich auftauchen und sich morgens zu uns an den Küchentisch setzen würde, hätten die meisten von uns nicht einmal Zeit, mit ihm zu plaudern! Wir könnten ihm nur eben auf dem Weg zur Haustür zuwinken und erklären: »Tut mir leid, Herr. Die Kinder müssen heute wegen der Bandprobe früher zur Schule. Ich selbst habe eine Präsentation im Büro vorzubereiten und muss nach der Arbeit erst ein Fußballspiel ansehen und dann zum Elternabend. Ich habe leider keine Zeit.«

Schwer vorstellbar, dass wir so mit Jesus umgehen würden, wenn er tatsächlich bei uns zu Hause säße, nicht wahr? Aber geistlich ist es das, was wir oft tun. Er hat gesagt, er wird uns nie verlassen, deshalb ist er bei uns, bereit, jeden Tag Gemeinschaft mit uns zu haben. Aber wie oft halten wir inne, um Zeit mit ihm zu verbringen?

Ich weiß, was Sie jetzt denken. »Moment mal, Joyce! Jesus versteht, wie beschäftigt eine Mutter ist. Er weiß, dass wir einfach nur unserer Verantwortung nachkommen und tun, was wir zu tun haben.«

Kann sein. Andererseits hat Marta vielleicht auch so gedacht. Sie erinnern sich doch, was Sie über Marta gelesen haben, nicht wahr? Sie war die Frau, die Jesus und seine Nachfolger damals in ihr Haus eingeladen und angeboten hatte, als Gastgeberin für seinen Lehrworkshop zu fungieren.

> *Und diese hatte eine Schwester, genannt Maria, die sich auch zu den Füßen Jesu niedersetzte und seinem Wort zuhörte. Marta aber war sehr beschäftigt mit vielem Dienen; sie trat aber hinzu und sprach: Herr, kümmert es dich nicht, dass meine Schwester mich allein gelassen hat zu dienen? Sage ihr doch, dass sie mir helfe! Jesus aber antwortete und sprach zu ihr: Marta, Marta! Du bist besorgt und beunruhigt um viele Dinge; eins aber ist nötig. Maria aber hat das gute Teil erwählt, das nicht von ihr genommen werden wird.*
>
> Lukas 10,39-42

Martas Problem war nicht, dass sie viel zu tun hatte. Es ist absolut nicht verkehrt, etwas zu tun zu haben. Ihr Problem war, dass sie *zu viel* zu tun hatte. Und das ist häufig auch unser Problem.

Woher wissen wir, ob wir zu viel zu tun haben?

Das lässt sich leicht feststellen. Wir haben zu viel zu tun, wenn wir, wie Marta, keine Zeit haben, die wir mit dem Herrn verbringen können. Ich rate Ihnen dringend, Gottes Wort zu glauben, das sagt, alles Übrige wird uns hinzugefügt, wenn es uns zuerst um Gott geht (siehe Matthäus 6,33). Sobald Sie sich Zeit für Gott nehmen, werden Sie merken, dass Ihre übrige Zeit produktiver wird. Sollten Sie mir nicht glauben, dann versuchen Sie es und finden Sie es selbst heraus.

Das Geheimnis eines guten Starts in den Tag

Ich bin fest davon überzeugt, dass der richtige Start in den Tag ein Start mit Gott ist. Ich liebe Psalm 17,15, worin steht, dass wir ganz zufrieden sein werden, wenn wir beim Erwachen Gott betrachten und Gemeinschaft mit ihm haben. Vielleicht ist es für manche Mütter am besten, ihren Tag mit Gott noch vor dem Aufstehen zu beginnen. Bleiben Sie nach dem Aufwachen einfach zehn Minuten liegen und sprechen Sie mit Gott. Danken Sie ihm, dass er Ihnen mit Ihrem Tag helfen wird, noch bevor dieser überhaupt beginnt.

Für die Mütter von Neugeborenen möchte ich hier einen Einschub machen. Wenn Sie ein Baby haben, das die ganze Nacht nicht schläft, und ihr gesamter Tagesablauf durcheinandergerät, könnte die einzige Zeit, die Ihnen für die ausschließliche Gemeinschaft mit Gott bleibt, ein paar Minuten hier und da sein, während Ihr Baby gerade ein Nickerchen macht. Wenn dies Ihrer derzeitigen Situation entspricht, ruhen Sie einfach in Gottes Barmherzigkeit und Gnade. Er fühlt mit Ihnen. Er wird Ihnen in diesen kurzen, völlig ungeregelten Phasen auf besondere Weise begegnen und Ihnen helfen. Gott versteht Ihre jeweiligen Umstände und Situationen vollkommen. Wir alle haben Zeiten im Leben, in denen wir von unserem normalen Ablauf abweichen müssen. Doch das sollten wir nicht zum Lebensstil werden lassen.

Regelmäßig Zeit und Gemeinschaft mit Gott zu haben ist das Wichtigste, was Sie für sich selbst tun sollten. Ich habe sogar schon Mütter ermutigt, für ein paar Stunden pro Woche einen Babysitter zu bezahlen, um Zeit mit Gott verbringen zu können, wenn ihnen sonst keine andere Möglichkeit bleibt. Ich kann nicht genug betonen, wie wichtig diese Zeit mit dem Herrn ist. Aus ihr ziehen wir Kraft und Weisheit für alle Situationen des Lebens. Die Wahrheit ist: Je beschäftigter wir sind und je mehr Verantwortung wir tragen, desto mehr Zeit brauchen wir mit ihm.

Warum ist das so?

Weil alles andere den rechten Platz in Ihrem Leben einnehmen wird, wenn Sie die Zeit mit Gott zu Ihrer obersten Priorität machen. Sie werden mehr Weisheit von Gott bekommen, um zu entscheiden, was wirklich wichtig ist und was nicht. Es wird Ihnen leichterfallen, Ersteres zu tun und Letzteres unbesorgt liegen zu lassen. Das allein wird Ihr Leben schon deutlich vereinfachen.

Außerdem werden Sie nicht schon gereizt und schroff gegenüber Ihren Kindern sein, wenn sie morgens aus dem Haus gehen, sondern mehr Frieden und Geduld mit ihnen haben. Vielleicht müssen Sie ihnen gekaufte Kekse als Pausensnack mitgeben statt selbst gebackener Honigkuchenmänner – weil Sie Ihre Nase in die Bibel und nicht in Ihre Backschüssel gesteckt haben. Aber das werden Sie mit so viel extra Liebe und Freundlichkeit tun, dass es allen damit besser geht.

Wenn Sie Ihren Tag gut beginnen, indem Sie ihn mit Gott beginnen, werden Sie und Ihre Familie ein viel größeres Maß an Frieden und Freude erleben. Das kann ich aus eigener Erfahrung bestätigen.

Als junge Mutter verbrachte ich viele Jahre damit, in die Kirche zu gehen, Konferenzen zu besuchen, Lehrkassetten anzuhören und alles zu lernen, was ich über das siegreiche Christenleben von Predigern und anderen Leuten lernen konnte. Aber ich lebte niemals wirklich im Sieg, bis ich anfing, jeden Morgen als Erstes Gott persönlich zu begegnen. Ich erlebte keine beständige und stets wachsende Freude, bis ich mein Leben und meinen Tagesablauf mit Versen wie den folgenden abstimmte:

> *Eins habe ich vom Herrn erbeten, danach trachte ich: zu wohnen im Haus [der Gegenwart] des Herrn alle Tage meines Lebens, um anzuschauen die Freundlichkeit des Herrn und nachzudenken in seinem Tempel.*
>
> Psalm 27,4

Herr, in aller Frühe bringe ich mein Gebet wie ein Opfer vor dich und warte sehnsüchtig auf deine Antwort.

Psalm 5,4 (NGÜ)

O Gott, du bist mein Gott; früh suche ich dich!

Psalm 63,2 (SLT)

»Aber ich bin kein Morgenmensch!«, wenden Sie nun vielleicht ein.

Dann sollten Sie diese Aussage über sich selbst vielleicht ändern und Gott um Hilfe bitten, dass Sie so viel Disziplin entwickeln, um ein paar Minuten früher aufzustehen, denn der Morgen ist extrem wichtig. Das sagt die Bibel immer wieder. Sie erzählt uns, dass Jesus früh morgens aufstand und betete (siehe Markus 1,35). Sie sagt, dass Abraham, Jakob und David früh aufstanden, um den Herrn zu suchen.

Offensichtlich möchte Gott uns wissen lassen, dass es wichtig ist, wie wir unseren Tag beginnen! Selbst wenn Sie lieber später am Tag lesen und beten möchten, nehmen Sie sich wenigstens ein paar Minuten Zeit, um dem Herrn Guten Morgen zu sagen und zum Ausdruck zu bringen, dass Sie ihn lieben und brauchen!

Ich bin überzeugt davon, dass wir alle täglich Zeit mit Gott verbringen müssen, um seinen Plan für unser Leben erfüllen zu können. Ohne das können wir nicht die Mutter, die Ehefrau oder die Person sein, die zu sein er uns berufen hat. Deshalb wird der Feind Sie in Bezug auf Ihre Zeit mit dem Herrn stärker bekämpfen als in Bezug auf alles andere in Ihrem Leben. Von dieser Zeit hängt nichts weniger als Ihr Schicksal ab.

Als ich das begriffen hatte, wurde die Zeit, die ich jeden Morgen mit Gott verbrachte, zu einem festen Ritual, an dem nicht gerüttelt wird. Ich würde es mit einem Bären aufnehmen, um diese Zeit zu verteidigen, wenn das nötig wäre. Wenn Sie die Gewohnheit entwickeln möchten, morgens zunächst Zeit mit Gott zu verbringen, statt es sich für später vorzunehmen – und dann vielleicht niemals dazu zu kommen –, dann müssen Sie möglicherweise früher ins Bett gehen. Viele Menschen, die morgens nicht aufstehen können, haben Schwierigkeiten, weil sie abends zu lange aufbleiben. Vielleicht müssen Sie den Fernseher früher abschalten oder ein paar Spielsachen auf dem Fußboden und ein paar Teller im Spülbecken liegen lassen. Diese Dinge können Sie am nächsten Tag in Angriff nehmen, nachdem Sie eine wohltuende, erfrischende Zeit mit Gott hatten. Ich rate Ihnen, Gott früh zu suchen, denn wenn wir das als Erstes tun, können wir es nicht mehr vergessen. Jeder muss allerdings selbst herausfinden, was für ihn funktioniert. Unser Ziel sollte es sein, mit Gott den ganzen Tag über Gemeinschaft zu haben und ihn in alles, was wir tun, mit einzubeziehen, ihm zu vertrauen und ihn zu erkennen (siehe Sprüche 3,5-7).

Geistliches Ankleiden

Wenn Ihnen dieser Gedanke neu ist, dann fragen Sie sich vielleicht, was Sie in der Zeit, die Sie jeden Tag mit dem Herrn verbringen, tun sollen. Bevor ich Ihnen ein paar Vorschläge mache, möchte ich Folgendes sagen: Die Tatsache, dass Sie überhaupt Zeit mit Gott verbringen, hat schon riesige Auswirkungen. Machen Sie sich also nicht allzu viele Gedanken darum, es »richtig« hinzubekommen. Allein schon dadurch, dass Sie Gott an die erste Stelle setzen, sagen Sie ihm, dass Sie ihn brauchen. Sie ehren ihn und er wird darauf antworten.

Was ich gerne jeden Tag als Erstes mache, ist, alles was am Vortag schiefgelaufen ist loszuwerden. Wenn ich mich über etwas, was ich gesagt oder getan habe, schlecht fühle oder wenn ich meine, irgendwo versagt zu haben, dann gebe ich das zu und empfange die Barmherzigkeit und Vergebung des Herrn. Wie es in Klagelieder 3,21-23 heißt:

Doch dies will ich mir in den Sinn zurückrufen, darauf will ich hoffen: Ja, die Gnadenerweise des Herrn sind nicht zu Ende, ja, sein Erbarmen hört nicht auf, es ist jeden Morgen neu.

Das ist das Wunderbare an Gottes System: Tage voll Arbeit, getrennt von Nächten voll Schlaf, machen jeden Morgen zum Neubeginn. Nutzen Sie diese Tatsache aus. Werfen Sie sich die Fehler des vergangenen Tages nicht länger vor.

Man kann keinen guten Tag haben, wenn man unter einem Urteil steht. Empfangen Sie also Gottes Barmherzigkeit und beginnen Sie jeden Tag wie ein unbeschriebenes Blatt. Wenn Sie Ihren Tag mit Schuldgefühlen beginnen, werden Sie höchstwahrscheinlich an den Kindern herumnörgeln und sich dann noch schlechter fühlen. Es ist besser, den Tag zu durchleben, indem man seine Sünden unmittelbar bereut und Gottes Gnade, Barmherzigkeit und Vergebung annimmt, sobald man sündigt oder einen Fehler macht. Auf diese Weise halten Sie Ihren Geist leicht und frei, ohne Lasten, die Sie niederdrücken.

Als Nächstes danke ich dem Herrn für alles, was mir einfällt. Sie können Gott danken, dass Sie in der Lage sind zu gehen, zu sprechen, zu sehen und zu hören. Danken Sie ihm dafür, dass Sie heißes Wasser, Essen und eine Familie haben, für die Sie aufstehen und um die Sie sich kümmern können. Morgens schon ein dankbares Herz zu haben, bestimmt den Ton für den ganzen Tag. Dankbarkeit ist eine mächtige Waffe, die den Feind vertreibt!

Ich glaube, dass meine Zeit mit Gott einem geistlichen Ankleiden entspricht. Frauen brauchen vielleicht eine Stunde, um ihr Haar zu stylen, sich zu schminken, genau das richtige Outfit auszuwählen, aber sie bringen es fertig, aus dem Haus zu gehen, ohne sich geistlich anzuziehen. Gottes Wort lehrt uns, Christus anzuziehen, die neue Natur anzuziehen, die Gott uns gegeben hat. Es spricht davon, Barmherzigkeit anzuziehen, Liebe anzuziehen und dergleichen mehr. Das bedeutet einfach, dass wir uns die Zeit nehmen, uns innerlich auf das Leben im Geist statt im Fleisch auszurichten.

Beachten Sie diese Bibelverse:

> *[… dass ihr] dagegen erneuert werdet in dem Geist eurer Gesinnung und den neuen Menschen angezogen habt, der nach Gott geschaffen ist in wahrhaftiger Gerechtigkeit und Heiligkeit.*
>
> Epheser 4,23-24

> *Deshalb ergreift die ganze Waffenrüstung Gottes, damit ihr an dem bösen Tag widerstehen und, wenn ihr alles ausgerichtet habt, stehen bleiben könnt! So steht nun, eure Lenden umgürtet mit Wahrheit, bekleidet mit dem Brustpanzer der Gerechtigkeit und beschuht an den Füßen mit der Bereitschaft zur Verkündigung des Evangeliums des Friedens! Bei alledem ergreift den Schild des Glaubens, mit dem ihr alle feurigen Pfeile des Bösen auslöschen könnt! Nehmt auch den Helm des Heils und das Schwert des Geistes, das ist Gottes Wort!*
>
> Epheser 6,13-17

> *Belügt einander nicht, da ihr den alten Menschen mit seinen Handlungen ausgezogen und den neuen angezogen habt, der erneuert wird zur Erkenntnis nach dem Bild dessen, der ihn erschaffen hat!*
>
> Kolosser 3,9-10

Über derartige Bibelstellen nachzudenken und sich innerlich darauf auszurichten, ihnen mit Gottes Hilfe zu gehorchen, ist einer der Schlüssel zu einem erfolgreichen Leben. Wenn wir uns darauf ausrichten, im Geist zu leben, werden wir weniger wahrscheinlich fleischlich handeln.

Geben Sie Ihren Engeln etwas zu tun

Wir alle haben dienende Engel, deren Aufgabe es ist, uns im Dienst für Gott zu helfen.

> *Denn er bietet seine Engel für dich auf, dich zu bewahren auf allen deinen Wegen [des Gehorsams und des Dienstes].*
>
> Psalm 91,11

Wir entnehmen der Bibel, dass Engel Gottes Wort hören und beachten.

> *Lobt den Herrn, ihr seine Engel, ihr starken Helden, die ihr seinen Befehl ausführt, gehorsam der Stimme seines Wortes!*
>
> Psalm 103,20 (SLT)

Gottes Wort laut zu bekennen, war und ist ein wesentlicher Bestandteil meines Lebens. Es hilft mir nicht nur, meinen Sinn zu erneuern, sondern ich glaube auch, dass es unseren Engeln etwas zu tun gibt.

Sie können daran arbeiten, diese Worte in unserem Leben umzusetzen. Aber wenn wir unseren Tag damit beginnen, dass wir darüber jammern, wie schlecht wir uns fühlen und wie viel wir zu tun haben, dann binden wir ihnen die Hände und sie können uns nicht helfen.

Hier einige Vorschläge von Aussagen, die Sie laut bekennen können:

- Mein Pfad ist wie das glänzende Morgenlicht, das heller und heller erstrahlt bis zur Tageshöhe (siehe Sprüche 4,18).
- Ich bin gesegnet und anderen ein Segen, wo immer ich hinkomme (siehe 1. Mose 12,2).
- Alle meine Bedürfnisse werden erfüllt nach Gottes Reichtum in Herrlichkeit in Christus Jesus. Mir wird nichts mangeln (siehe Philipper 4,19 und Psalm 23,1).
- Gott liebt mich bedingungslos (siehe Römer 5,7-8).

- Alle meine Sünden sind mir vergeben und es gibt keine Verdammnis für die, die in Christus sind (siehe 1. Johannes 1,9 und Römer 8,1).
- Ich bin erfüllt von Gottes Weisheit (siehe Jakobus 1,5).
- Ich wirke in der Frucht des Heiligen Geistes (siehe Galater 5,22-25).
- Ich werde vom Heiligen Geist geleitet (siehe Galater 5,16 und Johannes 16,13).

Lassen Sie sich ermutigen, diese Liste weiterzuführen, sodass sie zu Ihrem eigenen Leben und Ihren Bedürfnissen passt. Prophezeien Sie auf diese Weise jeden Tag über Ihre Zukunft! Ihnen wurden Engel zur Seite gestellt, die gerne anfangen wollen, für Sie zu arbeiten. Die Bibel sagt ja, sie »gehorchen der Stimme« von Gottes Wort. Lassen Sie nicht zu, dass sie sich langweilen. Sprechen Sie das Wort Gottes aus und geben Sie ihnen etwas zu tun!

Ich nutze diese Zeit auch, um mein Herz darauf auszurichten, dass ich anderen Menschen zum Segen werde. Ich bitte Gott, mir Möglichkeiten zu zeigen, wie ich anderen Menschen seine Liebe vermitteln und sie ermutigen kann. Gleichzeitig empfange ich besonders viel Gnade und Kraft vom Herrn, der mir hilft, jede Schwäche und jede Anfälligkeit zur Versuchung zu überwinden, die ich in mir selbst feststelle.

Ich bete besonders für mein Mundwerk, da ich die Schwäche habe, Unnötiges zu reden.

Jesus sagte seinen Jüngern im Garten Gethsemane: *Betet, dass ihr nicht in Versuchung kommt!* (Lukas 22,40). Ich habe bemerkt, dass dies ein Gebet ist, das Gott immer erhören will und kann. Wenn Sie in irgendeinem Bereich eine Schwäche haben, dann rate ich Ihnen, regelmäßig dafür zu beten, nicht nur wenn Sie mitten in einer Versuchung stecken. Das werden wir alle dann und wann erleben. Doch wir können Gott vertrauen, dass er uns hilft, nicht in Versuchung zu geraten.

Legen Sie Gott alle Ihre Bitten vor. Bitten Sie ihn um alles, was Sie brauchen, und vertrauen Sie, dass er Gebet hört und erhört. Denken Sie immer daran, dass Gott alles wichtig ist, was Sie betrifft. Er möchte Anteil haben an jedem Bereich Ihres Lebens. Nichts ist zu klein oder zu groß, um mit Gott darüber zu sprechen. Jesus sandte den Heiligen Geist, um eng mit Ihnen verbunden zu sein. Bitten Sie ihn also in alle Bereiche Ihres Lebens hinein, nicht nur in die, die Sie für geistlich halten.

Sie können eine zuversichtliche Mutter sein, wenn Sie sich in allem auf Gott stützen und ihm vertrauen. Er ist Ihr heiliger Lebenspartner. Wenn er Ihr Herz erfüllt, werden Sie nie allein sein und es wird Ihnen nicht an Weisheit mangeln, wie Sie Ihre Kinder erziehen und eine gute Mutter sein können.

Selbst wenn Sie meinen, nur zehn Minuten am Morgen mit dem Herrn verbringen zu können, dann fangen Sie damit an. Es wird so viel Frucht bringen, dass Sie ihm bald mehr Zeit widmen wollen. Sie werden diese Zeit auch haben, denn sobald Sie das Wichtigste an die erste Stelle setzen, werden die unnötigen Ablenkungen, wie zum Beispiel zu viel Zeit in sozialen Netzwerken zu verbringen, nach und nach weniger wichtig. Sie mögen weiterhin viel zu tun haben, aber weil Sie nicht *zu viel* zu tun haben, um eine gewisse Zeit zu Jesu Füßen zu sitzen, wird das Leben einfacher und schöner werden.

Wie Jesus in Lukas 10,42 versprochen hat, werden Sie diesen »guten Teil« haben, der nicht von Ihnen genommen werden wird.

Wenn Sie die Zeit mit Gott
zu Ihrer obersten Priorität machen,
wird alles andere den rechten Platz in Ihrem Leben
einnehmen.

KAPITEL 15

Genießen Sie die Reise

Meine Mutter hatte viele Schwierigkeiten mit mir, aber ich glaube, sie hat es genossen.
Mark Twain

Zu Anfang des Zweiten Weltkriegs tippte eine junge Frau namens Helen eine Zahlenreihe in die Addiermaschine. Sie überprüfte die Zahlen zwei Mal, damit sie auch garantiert richtig waren. Dann addierte sie sie und rief sich selbst zum wiederholten Male in Erinnerung, warum sie das tat:

Es war ihre Weise, der Armee zu dienen.

Acht Stunden am Tag, fünf Tage die Woche tippte sie Zahlen in die Maschine und addierte … tippte und addierte. Die Wochen wurden zu Monaten, die Monate zu Jahren. Irgendwie hatten die Zahlen mit Flugzeugen zu tun, die für den Krieg gebaut wurden. Theoretisch wusste Helen also, dass sie einen wichtigen Beitrag leistete. In einem Büro voller anderer Schreibkräfte, die dieselbe Tätigkeit erledigten wie sie, empfand sie aber auch diese drei Dinge:

Ihre Arbeit schien nicht sehr wichtig zu sein.

Niemand dankte ihre jemals dafür.

Außerdem machte sie keinen Spaß.

Diese Einsichten waren nichts Besonderes. Auch Helens Kolleginnen empfanden es so. Während der Kaffeepausen und beim Mittagessen jammerten sie über die Eintönigkeit ihrer Beschäftigung. Lauthals wünschten sie sich interessantere Aufgaben und bessere Bezahlung. Dann begaben sie sich zurück an ihren Schreibtisch und arbeiteten gerade gut genug, um nicht gefeuert zu werden.

Helen aber wählte eine andere Herangehensweise. Sie entschied sich, aus der langweiligen Aufgabe, Tausende von Zahlen einzutippen, ein Spiel zu machen. Täglich fertigte sie eine Übersicht über ihre eigene Geschwindigkeit und Fehlerquote an und versuchte, ihre eigene Vortagesleistung zu übertreffen. Sie fand Mittel und Wege, schneller zu arbeiten und weniger Fehler zu machen. Sie gratulierte sich selbst, feierte ihren Erfolg und handelte jeden Tag, als ob sie den Krieg allein gewinnen könnte, indem sie ihre Aufgabe gut ausführte.

Dabei begann sie Spaß zu haben.

Sie fiel auf und wurde befördert. Das freute sie sehr, doch es war nicht unbedingt ihr Ziel gewesen. Was Helen sich vorgenommen hatte, war, das Leben zu genießen, jeden Tag, egal in welchen Umständen.

Endlich ging der Krieg zu Ende. Sie heiratete und bekam Kinder, aber diesen Entschluss behielt sie bei. Als ihr Mann eine Arbeitsstelle bekam, für die er immer wieder lange Zeit unterwegs sein musste, gestaltete sie die Zeiten seiner Abwesenheit wie ein Abenteuer. Sie machte ein Spiel daraus, indem sie unerwartet für ihre Kinder Dinge vorschlug, die sie tun konnten, während der Vater weg war. »Heute Abend essen wir mal nicht am Tisch, sondern machen ein Picknick im Haus!«, sagte sie zum Beispiel und breitete eine Decke auf dem Wohnzimmerfußboden aus. Oder: »Ich weiß, dass morgen wieder Schule ist, aber lasst uns trotzdem ins Kino gehen!«

Übertrug sie ihren Kindern Aufgaben, dann gab sie ihnen ganz nebenbei und unauffällig auch ihre Einstellung weiter. »Wenn ihr eure Arbeit in einer Stunde gut geschafft habt«, sagte sie, »feiern wir danach.«

»Wie denn?«, wollten die Kinder wissen. »Wie feiern wir?«

Sie antwortete mit einem vielsagenden Lächeln, weil sie wusste, dass das Geheimnis darum den Spaß noch größer machen würde. »Vertraut mir. Ihr werdet schon sehen!«

Heute sind Helens Kinder erwachsen. Sie haben selbst Kinder und Enkelkinder. Aber sie erinnern sich immer noch voller

Freude an das, was ihre Mutter für sie in ihrer Kindheit geschaffen hat. Zu dem Wertvollsten, was ihre Mutter ihnen vererbt hat, zählen sie bis heute Folgendes:

Sie hat ihnen beigebracht, die gewöhnlichen Augenblicke des Alltags zu genießen.

Müslischalen, Rührei und ewiger Lohn

Mir ist klar, wie wichtig ein Vermächtnis wie das von Helen sein kann. Ich habe genügend Erfahrung, um zu wissen, dass das Leben zum größten Teil aus gewöhnlichen Momenten besteht. Freude und Erfüllung werden durch die Art und Weise, wie wir die kleinen, scheinbar banalen Aufgaben des Alltags angehen, entweder gewonnen oder verloren. Deshalb möchte ich Sie zum Abschluss dieses Buches auffordern: Genießen Sie die Reise des Mutterseins.

Manche Experten würden mir raten, das nicht zu sagen. Sie behaupten, es sei unrealistisch, Frauen zu sagen, sie sollten die gesamte Erfahrung des Mutterseins genießen. Sie weisen darauf hin, dass doch niemand, der einigermaßen bei Verstand ist, seine Freude an zahnenden Babys haben kann oder mit Begeisterung Wachsmalstiftspuren von der Wand schrubbt. Sie warnen, dass man Mütter zu stark unter Druck setzt, wenn man vorschlägt, sie sollten all das auch genießen.

Natürlich stimmt das in gewisser Weise. Ich würde niemals wollen, dass Sie sich schuldig fühlen, wenn Sie einen harten Tag haben oder ein bisschen entmutigt sind. Aber ich glaube auch, dass es eine biblische Perspektive gibt, die jede banale, monotone Tätigkeit befriedigender macht. Es gibt ein paar aufmunternde Dinge, die Sie sich in Erinnerung rufen können, wenn die täglichen Herausforderungen des Mutterseins Sie nach unten ziehen wollen.

Das Erste ist Folgendes: Jesus selbst sieht und schätzt alles, was Sie für Ihre Familie tun. Tätigkeiten wie Müslischalen ausspülen, Handtücher falten und Böden wischen, die innerhalb von wenigen Stunden wieder dreckig sein werden, schreibt er ewige Bedeutung zu. Gott belohnt immer Treue und die Mühe, die Sie sich geben, um ihm mit Freude zu dienen.

Während seines Lebens auf der Erde widmete Jesus manche seiner wertvollsten Momente solch einfachen Tätigkeiten. Er verbrachte Zeit damit, seinen Jüngern die Füße zu waschen. Er achtete auch darauf, dass sie die Botschaft dahinter wirklich verstanden. *Wenn nun ich, der Herr und der Lehrer, eure Füße gewaschen habe, so seid auch ihr schuldig, einander die Füße zu waschen. Denn ich habe euch ein Beispiel gegeben, dass auch ihr tut, wie ich euch getan habe* (Johannes 13,14-15).

Ein paar Tage nach seiner Auferstehung tat er noch einmal etwas Ähnliches. Obwohl ihm nur noch wenig Zeit für seine Jünger blieb, bereitete er ihnen eines Morgens ein Frühstück zu (siehe Johannes 21,9). Überlegen Sie einmal: Jesus, der auferstandene König der Könige und Herr aller Herren, macht Frühstück! Also, dieses Beispiel gefällt mir!

Jesus verschwendete nie Zeit für Unwichtiges. Wenn Jesus also Füße wusch und Mahlzeiten zubereitete, dann deshalb, weil solche Dinge wichtig sind – sehr wichtig. Sie werden Ihr Leben als Mutter mehr genießen, wenn Sie das im Hinterkopf behalten. Erinnern Sie sich daran, wenn Sie bis zum Ellbogen im Spülwasser sind oder die soundsovielte Pfanne Rühreier machen oder unter dem Küchentisch verschüttete Milch aufwischen und dabei allen Füßen um Ihren Kopf herum auszuweichen versuchen. Erinnern Sie sich daran, dass Sie nicht nur Ihrer Familie dienen, sondern auch Jesus erfreuen. Sie zeigen Ihrer Familie Liebe, so wie er es tut, und Sie tun genau das, was er von Ihnen möchte. Liebe ist nicht nur Theorie oder ein Wort, sondern Aktion, die sich in der Praxis und im Gutestun zeigt.

Da Sie von Ihrer Umgebung vielleicht nicht viel Anerkennung dafür erhalten, sage ich Ihnen noch etwas, was Sie nicht vergessen sollten: Mit jedem liebevollen Dienen sammeln Sie

Ewigkeitswerte. Die Gesellschaft mag Ihnen keinen Beifall klatschen und vieles von Ihrer Arbeit mag überhaupt niemandem auffallen, aber die Bibel sagt, dass Gott alles sieht, was Sie tun. Deshalb:

> *Was ihr auch tut, arbeitet von Herzen als dem Herrn und nicht den Menschen, da ihr wisst, dass ihr vom Herrn als Vergeltung das Erbe empfangen werdet; ihr dient dem Herrn Christus.*
>
> Kolosser 3,23-24

Zum Schluss ermutige ich Sie, nicht zu vergessen, dass Jesus kam, damit Sie … *Leben haben und es in Überfluss haben* (Johannes 10,10). Nehmen Sie ihn also beim Wort. Wenn jemand versteht, die Alltagsmomente des Lebens zu feiern, dann Jesus. Er ist es, der auf der Hochzeit zu Kana Wasser zu Wein verwandelte, damit die Party weitergehen konnte. Er ist es, der hinter all den Festen steht, die die Israeliten über Tausende von Jahren feierten.

Bitten Sie ihn also, dass er Ihnen zeigt, wie Sie den Alltag mit mehr Freude gestalten können – für Sie und Ihre Kinder. Lassen Sie sich von ihm beibringen, wie er es einer jungen Frau im Zweiten Weltkrieg beigebracht hat, die Lebensreise so zu genießen, dass Sie Ihre Freude an zukünftige Generationen weitergeben können.

»Kann ich zuversichtlich sein, dass er das für mich tun wird?«, fragen Sie vielleicht.

Absolut!

Fazit

Da Sie nun am Ende von *Zuversicht, Mama!* angekommen sind, möchte ich Ihnen als Erstes sagen: *Ich gratuliere! Sie haben es geschafft!*

Ich gratuliere Ihnen nicht nur, weil Sie eine Mutter sind, die ein Buch zu Ende gelesen hat (obwohl das bei Ihrem vollen Zeitplan eine große Leistung ist), sondern auch weil Sie eine Mutter sind, die sich auf eine neue Reise begeben hat.

Den Weg als Eltern sollte man nie mit Angst und Sorge gehen. Sie wurden nicht geschaffen, um sich über jeden Fehltritt den Kopf zu zerbrechen, jede Entscheidung im Nachhinein anzuzweifeln und bei jeder Weggabelung zu erstarren. Die Reise einer Mutter ist eine Gabe Gottes und Gottes Gaben sollten nie gefürchtet werden – nur gefeiert!

Ich bete, dass dieses Buch Ihnen Zuversicht gibt und dass Sie wieder feiern.

Unabhängig davon, wo auf dem Weg als Mutter Sie sich gerade befinden, möchte ich Sie ermutigen, von jetzt an jeden Schritt zu genießen. Die Begeisterung der Schwangerschaft, die Probleme beim Zahnen, der erste Schultag, die Sommerabenteuer, die Lektionen über das Bestrafen, die nächtlichen Gespräche, die Besuche an der Uni und der Übergang zum Erwachsenwerden … all das kann mit Freude und im festen Vertrauen erlebt werden, dass Gott die Kontrolle hat.

Das Wort Gottes sagt: *Denn Gott hat uns nicht einen Geist der Ängstlichkeit gegeben, sondern den Geist der Kraft, der Liebe und der Besonnenheit* (2. Timotheus 1,7; NGÜ). Das ist ein »Mama-Vers« wie kein anderer! Ängstlichkeit und Furcht gehören der Vergangenheit an! Kraft, Liebe und Ruhe stehen für Ihre Zukunft bereit!

Ich glaube, heute ist ein neuer Tag für Sie und Ihre Familie. Gott wird Ihnen im Kampf um Ihre Kinder neue Kraft geben, neue Liebe in Ihrem Zuhause und Ihren Beziehungen untereinander und neue Ruhe, wenn Sie Gott um Führung bei jeder elterlichen Entscheidung bitten.

Seien Sie gewiss, dass Ihre Aufgabe als Mutter zu den wichtigsten Aufgaben der Welt gehört. Ohne eine Mutter wäre schließlich keiner von uns hier. Erfüllen Sie Ihre Aufgabe also voller Zuversicht und Freude und glauben Sie von ganzem Herzen, dass Sie und Gott Partner sind, um Eltern und Versorger für die nächste Generation mächtiger Männer und Frauen Gottes zu sein.

Verschwenden Sie keinen weiteren Moment. Ihre neue Reise hat begonnen. Feiern Sie von heute an Ihr Leben als die *zuversichtliche Mutter*, als die Gott Sie geschaffen hat!

Joyce Meyer

Joyce Meyer ist eine der weltweit bekanntesten Bibellehrerinnen. Als Bestsellerautorin hat sie mehr als 90 wegweisende Bücher geschrieben, unter anderem „Gib niemals auf“, „Powergedanken“ sowie „Das Schlachtfeld der Gedanken“, wovon es eine Ausgabe für Erwachsene und eine für Teens gibt. Darüber hinaus hat sie Tausende von Lehrvorträgen auf CD und DVD herausgegeben. Joyce' Radio- und Fernsehprogramme *Enjoying Everyday Life (Das Leben genießen)* werden weltweit ausgestrahlt und Joyce bereist viele Länder, um dort Konferenzen abzuhalten. Sie und ihr Mann Dave haben vier erwachsene Kinder und leben in St. Louis, Missouri, USA.

Über Joyce Meyer Ministries (JMM)

Hand of Hope – der christliche Hilfsdienst von Joyce Meyer

Joyce und Dave Meyers zentrales Anliegen ist es, armen und verletzten Menschen in der ganzen Welt zu helfen. Es geht darum, nicht nur zu reden, sondern auch konkret zu handeln. Darum bringt Joyce Meyer Ministries (JMM) humanitäre Hilfe in verschiedene Krisenregionen der Welt. Dies geschieht mit neun internationalen Büros und in Zusammenarbeit mit über 35 weltweit tätigen Missionsgesellschaften.

Auf diese Weise werden über 32 Millionen Mahlzeiten pro Jahr in den Hungerregionen der Welt ausgegeben, fast 40 Waisenheime in armen Ländern unterhalten, Dörfer mit sauberem Trinkwasser versorgt und Tausende von Gefängnisinsassen unterstützt. Außerdem gründet und fördert JMM Gemeinden in Ländern, wo Christen unter Verfolgung leiden, bietet medizinische Hilfe und hilft alten wie jungen Menschen in den „Ghettos“ von Großstädten, wie mit dem Dream Center in St. Louis.

TV und Radio

Die *Enjoying Everyday Life (Das Leben genießen)* Sendungen in Radio und Fernsehen erreichen täglich Hunderttausende weltweit. Im September 1993 konnte das Programm wöchentlich auf zwei Kanälen empfangen werden. Heute wird *Enjoying Everyday Life* täglich und wöchentlich von rund 500 Fernsehsendern und nahezu 400 Radiosendern weltweit ausgestrahlt. Das Programm wird mittlerweile in viele verschiedene Sprachen übersetzt und kann sogar in der arabischen Welt empfangen werden.

Internet

Unter **www.joyce-meyer.de** können Sie die Sendung *Das Leben genießen* rund um die Uhr sehen. Außerdem erhalten Sie dort aktuelle Informationen, können Bücher, eBooks, DVDs und CDs bestellen oder Kontakt zu uns aufnehmen. Vorträge von Joyce Meyer in anderen Sprachen finden Sie unter **tv.joycemeyer.org**

Werden Sie Fan von Joyce Meyer auf facebook. Lassen Sie sich täglich von ihr ermutigen und auf dem Laufenden halten:
www.facebook.com/joycemeyerdeutschland

Konferenzen

Konferenzen quer durch die USA (bis zu 12 im Jahr) und auch im Ausland sind nach wie vor Joyce' Leidenschaft. Die Menschen kommen in Scharen und Joyce predigt das Wort Gottes und gibt praktische Lebenshilfe in der ihr eigenen direkten und humorvollen Art. Gleichzeitig werden diese Konferenzen für Fernsehsendungen aufgezeichnet.

Joyce Meyers persönliches Geschenk an Sie

Als Leser dieses Buches können Sie jetzt ein kostenloses Geschenk von Joyce Meyer erhalten. Einfach diesen Gutschein-Code [BK1014] mit Ihrer Anschrift versehen und an

Joyce Meyer Ministries
Postfach 76 10 01
D-22060 Hamburg

Zuschauer- und Bestellservice: 040/88 88 4 11 11

schicken oder ins Internet gehen unter
www.joyce-meyer.de/geschenk

Dort Adresse und Gutschein-Code eingeben, abschicken. Das Geschenk wird vierteljährlich verschickt. Wir bitten deshalb um etwas Geduld.

Weitere Bücher & DVDs von Joyce Meyer

Rubrik: Beziehungen gelingen lassen

Leben ohne Konflikte
Wie man gesunde Beziehungen aufbaut
240 Seiten, Paperback,
EUR 13,80 [D], 14,20 [A], CHF 19.30
ISBN 978-3-939627-34-0
auch als **eBook** erhältlich
Zwischenmenschliche Konflikte können große Schwierigkeiten bereiten, enormen Schaden in Beziehungen anrichten und den Alltag sehr belasten. Doch es ist möglich, den Streit aus allen Lebensbereichen herauszuhalten. Auf Basis von biblischen Wahrheiten und in ihrer gewohnt praktischen Art erklärt Joyce Meyer, wie das geht. Ein Arbeitsteil am Ende der Kapitel wird Ihnen außerdem helfen, die Ursachen für Ihre Konflikte zu erkennen und neue Wege einzuschlagen.

Traum statt Trauma
Tipps für lebenslanges Eheglück
368 Seiten, Paperback,
EUR 17,– [D], 17,50 [A], CHF 23.80
ISBN 978-3-939627-04-3
auch als **eBook** erhältlich
„Unsere Ehen sollen ein Triumph und keine Tragödie sein", sagt Joyce Meyer, die selber mehr als 40 Jahre verheiratet ist. Gott bietet uns praktische Hilfe durch sein Wort, damit Ehen zu dem werden können, wozu er sie erdacht hat. Egal ob 40 Tage oder 40 Jahre verheiratet, ob noch Single, ob in einer Ehekrise oder einfach nur bemüht, die Ehe zu verbessern – in diesem Buch findet der Leser biblische Prinzipien und viele praktische Tipps zur „Traum-Ehe".

Kein Streit mehr!
Doppel-DVD, ca. 120 Minuten,
EUR 16,– [D], 16,50 [A], CHF 22.50
Artikel-Nr. 446700733
Streit und Rechthaberei sind Gift für unsere Beziehungen und können langfristig auch unsere Gesundheit beeinträchtigen. Die Bibel fordert uns auf, alles uns Mögliche daranzusetzen, mit anderen Menschen in Frieden zu leben. Das ist nicht immer einfach – aber es lohnt sich! Joyce Meyer erklärt Ihnen in den Vorträgen dieser Doppel-DVD, wie Sie den Streit aus Ihrem Leben verbannen können. Gottes Gnade wird Sie dazu befähigen!

Vergeben und befreit leben
DVD, ca. 70 Minuten,
EUR 10,– [D], 10,20 [A], CHF 14.–
Artikel-Nr. 446700723
Die meisten Menschen werden zu irgendeinem Zeitpunkt in ihrem Leben tief gekränkt oder bitter enttäuscht. Diese Situationen stellen häufig Wendepunkte dar – entweder zum Guten oder zum Schlechten. Alles hängt davon ab, wie wir auf das Geschehene reagieren. In diesem Vortrag spricht Joyce Meyer darüber, welche Schritte Sie gehen können, um Vergebungsbereitschaft zu entwickeln und welche Haltungen Ihnen helfen werden, mit erlebter Ungerechtigkeit fertigzuwerden.

Sind deine Erwartungen realistisch?
DVD, ca. 50 Minuten,
EUR 10,– [D], 10,20 [A], CHF 14.–
Artikel-Nr. 446700727
Wenn es um das Thema Erwartungen geht, müssen wir uns fragen, was wir von wem erwarten können? Wer bereits viele Enttäuschungen erlebt hat, stellt oft keine großen Erwartungen mehr an sich und an das Leben. Doch Gott hat einen guten Plan für jeden von uns und kann mehr für uns tun, als wir erbitten oder erhoffen. Deshalb sollten wir lernen, unser Vertrauen ganz auf ihn zu setzen und große Erwartungen an ihn zu stellen.

Rubrik: Seelischen Schmerz heilen

Heilung für zerbrochene Herzen
Erlebe Wiederherstellung durch die Kraft des Wortes Gottes
96 Seiten, Paperback,
EUR 4,80 [D], 5,– [A], CHF 6.80
ISBN 978-3-939627-30-2
auch als **eBook** erhältlich
Gott hat einen wunderbaren Plan für unser Leben, aber oft fällt es uns schwer, das zu glauben und zu erleben, weil uns Verletzungen aus der Vergangenheit plagen und uns gefangen halten. Lernen Sie, wie Gott Sie sieht. Sie werden erleben, wie seine Liebe Sie zur Ruhe bringt, Hoffnung für die Zukunft gibt und Ihr verwundetes Herz heilt.

Freu dich des Lebens auf dem Weg zum Ziel
224 Seiten, Paperback,
UVP EUR 5,– [D], 5,10 [A], CHF 7.–
ISBN 978-3-939627-06-7
auch als **eBook** erhältlich
Kennen Sie das? – „Wenn dieses oder jenes endlich in meinem Leben eintritt, dann werde ich mich freuen." So hat wohl jeder schon mal gedacht. Joyce Meyer zeigt den biblischen Weg, wie man zu einer beständigen Freude findet, die einen unabhängig von Umständen und (un)erfüllten Wünschen das Leben genießen lässt.

Mach dir keine Sorgen
Die Kunst, seine Lebensängste Gott zu überlassen
208 Seiten, Paperback,
EUR 10,– [D], 10,20 [A], CHF 14.–
ISBN 978-3-939627-37-1
auch als **eBook** erhältlich
Treffen Sie die Entscheidung, sich im Alltag nicht länger von Ihren Ängsten und Sorgen niederdrücken zu lassen! Sie dürfen Gott vertrauen. Er kümmert sich um Sie und schenkt innere Ruhe in den unmöglichsten Situationen. Joyce Meyer erklärt in diesem Buch, wie Sie Ihre Sorgen auf Gott werfen, aber gleichzeitig Verantwortung für Ihr Leben übernehmen können.

Gut aussehen – Gut fühlen
12 Schlüssel für ein gesundes, erfülltes Leben
256 Seiten, Paperback,
EUR 14,50 [D], 14,90 [A], CHF 20.–
ISBN 978-3-939627-09-8
auch als **eBook** erhältlich
Sie sind unendlich wertvoll für Gott! Dennoch haben viele Menschen ein niedriges Selbstwertgefühl und gehen auch entsprechend nachlässig mit ihrem Körper um. Joyce Meyers 12-Schlüssel-Plan führt Sie durch überraschende biblische Erkenntnisse sowie praktische Tipps für einen gesunden, entspannten Lebensstil, damit Sie sich gut fühlen und obendrein noch gut aussehen.

Aufbruch in ein neues Leben
Die Rundumerneuerung für Körper, Geist und Seele
304 Seiten, Paperback,
EUR 14,– [D], 14,50 [A], CHF 19.60
ISBN 978-3-939627-24-1
auch als **eBook** erhältlich
Das Leben kann sich zu einem eintönigen Dasein entwickeln. Wo der Alltag nur noch von negativen Gedanken und Verhaltensmustern bestimmt wird, ist es Zeit für einen Neuanfang. Joyce Meyer erklärt in diesem Buch, welche Entscheidungen zu den ersehnten Veränderungen führen. Gleichzeitig beleuchtet sie die Zusammenhänge zwischen Körper, Geist und Seele eines Menschen. Ihre praxisorientierten Tipps ermutigen in kurzen Kapiteln dazu, konkrete Schritte in diesen drei Bereichen zu unternehmen, um eine neue Lebensqualität zu erreichen und einen tragfähigen Glauben hervorzubringen.

100 Dinge, die das Leben leichter machen
216 Seiten, Hardcover,
EUR 13,80 [D], 14,20 [A], CHF 19.30
ISBN 978-3-939627-19-7
auch als **eBook** erhältlich
Viele Menschen empfinden ihr Leben als kompliziert und sind deshalb frustriert, verwirrt, gestresst und erschöpft. Doch vielleicht wird es erst anstrengend durch die Art, wie wir es anpacken? Joyce Meyer erklärt, wie man Stressfaktoren reduzieren oder beseitigen kann, die ansonsten unseren Tagesablauf verkomplizieren, vollstopfen und verhindern, dass wir unser Leben wirklich genießen.

Rubrik: Mit Jesus den Alltag meistern

Alles nur Gewohnheit
Wie Sie gute Gewohnheiten entwickeln und schlechte loswerden
208 Seiten, Paperback,
EUR 10,– [D], 10,20 [A], CHF 14.–
ISBN 978-3-939627-39-5
auch als **eBook** erhältlich
Gute Gewohnheiten verleihen unserem Leben Frieden und Kraft, die schlechten rauben uns die Freude und stehen unserem Erfolg im Weg. Joyce Meyer erklärt, wie Sie sich Gutes angewöhnen und gleichzeitig mit schlechten Gewohnheiten brechen können. Das betrifft Bereiche wie Glauben, Disziplin, Großzügigkeit, Entschlossenheit, Selbstvertrauen und unsere Gottesbeziehung.

DVD: Alles nur Gewohnheit – Set 1
Doppel-DVD, ca. 100 Minuten,
EUR 16,– [D], 16,50 [A], CHF 22.50
Artikel-Nr. 446700736
Viele Verhaltensweisen haben wir uns über Jahre angewöhnt. Gute Gewohnheiten verleihen unserem Leben Frieden und Kraft, schlechte rauben uns die Freude und stehen unserem Erfolg im Weg. Auf dieser Doppel-DVD erklärt Joyce Meyer, wie Sie sich Gutes angewöhnen und gleichzeitig mit schlechten Gewohnheiten brechen können, damit Sie sich am Ende so verhalten, wie Sie es eigentlich möchten. Mehrere Gewohnheiten werden unter die Lupe genommen, die wichtigste zuerst: die Gottesgewohnheit. Setzen Sie Gott bei allem an die erste Stelle und Sie werden einen übernatürlichen Vorteil erlangen!

DVD: Alles nur Gewohnheit – Set 2
Doppel-DVD, ca. 90 Minuten,
EUR 16,– [D], 16,50 [A], CHF 22.50
Artikel-Nr. 446700737
Die gute Nachricht ist: Sie können Ihr Leben umkrempeln – eine Gewohnheit nach der anderen. Legen Sie schlechte Verhaltensweisen ab, indem Sie sich gute aneignen. Joyce Meyer beleuchtet auf diesen DVDs mehrere Gewohnheiten, die dabei helfen, einen Schlussstrich unter Frust, Entmutigung und Stress zu ziehen. Fangen Sie mit einer Gewohnheit an, feiern Sie jeden Erfolg und genießen Sie den Weg zur Veränderung!

Als Zweier-Set
DVD Set 1 + Set 2
„Alles nur Gewohnheit"
Sparen Sie EUR 3,–
Doppel-DVD-Set 1, ca. 100 Minuten,
Doppel-DVD-Set 2, ca. 90 Minuten,
EUR 29,– [D], 29,90 [A], CHF 39.90
Artikel-Nr. 446700738

Als Dreier-Set
DVD Set 1, Set 2 + Buch
„Alles nur Gewohnheit"
Sparen Sie EUR 5,–
Doppel-DVD-Set 1, ca. 100 Minuten,
Doppel-DVD-Set 2, ca. 90 Minuten,
Buch, 208 Seiten, Paperback
EUR 37,– [D], 37,90 [A], CHF 51.90
Artikel-Nr. 446700739

Die Kraft einfachen Gebets
Wie man mit Gott über alles reden kann
320 Seiten, Paperback,
EUR 16,– [D], 16,50 [A], CHF 22.50
ISBN 978-3-939627-26-5
auch als **eBook** erhältlich
Oft sehen wir das Gebet als ein Mittel zum Zweck. Wir beten, weil wir bestimmte Wünsche an Gott haben oder seine Hilfe bei der Lösung von Problemen benötigen. Doch mit Gott reden bedeutet mehr. In diesem Buch leitet Joyce Meyer Sie zu einem tieferen und interaktiveren Gebetsleben an, das von Ehrlichkeit und Natürlichkeit geprägt ist und dazu noch Spaß macht.

Rubrik: Gedanken und Worte beherrschen

Das Schlachtfeld der Gedanken
Gewinne die Schlacht in deinem Verstand
288 Seiten, Paperback,
EUR 17,– [D], 17,50 [A], CHF 23.80
ISBN 978-3-939627-00-5
auch als **eBook** erhältlich
Ein wahrer Bestseller. Mit diesem Buch hat Joyce Meyer Millionen geholfen, ihre Gedankenwelt in göttliche Bahnen zu lenken. Gedanken von Sorgen, Furcht und Zweifel müssen nicht mehr ihr ungehindertes Spiel mit Ihnen treiben. Fangen Sie an, darüber nachzudenken, worüber Sie nachdenken, und erneuern Sie Ihr Denken mit dem Wort Gottes. Ihr Leben wird sich drastisch positiv verändern. Die Wahrheit macht frei.

DVD: Das Schlachtfeld der Gedanken
ca. 70 Minuten,
EUR 10,– [D], 10,20 [A], CHF 14.–
Art.-Nr. 446700740
Auf dieser DVD erklärt Joyce Meyer auf Grundlage der Bibel, wie Sie auf schnellstem Weg Ihre persönliche Wüste verlassen können. Lernen Sie die wichtigsten Strategien kennen, um das Leben, das Gott für Sie bereithält, auch tatsächlich zu genießen.

Das Schlachtfeld der Gedanken für Teens
Gewinne die Schlacht in deinem Kopf
176 Seiten, Paperback,
EUR 8,50 [D], 8,70 [A], CHF 12.–
ISBN 978-3-939627-15-9
Das Leben eines Teenies kann ein ständiger Kampf sein. Aber die wichtigste Schlacht wird nicht auf dem Schulhof, im Internetchat, auf einer Party oder im Wohnzimmer der Familie ausgetragen. Der allerwichtigste Kampf ist der in den eigenen Gedanken. Helfen Sie Teenagern, ihren Kopf zu entrümpeln – mit dem Schlachtfeld der Gedanken für Teens, locker geschrieben und leicht verständlich.

Arbeitsbuch: Das Schlachtfeld der Gedanken
Gewinnen Sie die Schlacht in Ihrem Verstand.
Schritt für Schritt. Kapitel für Kapitel.
160 Seiten, Paperback,
EUR 10,– [D], 10,30 [A], CHF 14.–
ISBN 978-3-939627-42-5
Sie sind es leid, sich mit Depression, Sorgen und Ängsten herumplagen zu müssen? Dieses Arbeitsbuch dient als hilfreiche Ergänzung zu dem Buch „Das Schlachtfeld der Gedanken". Lesen Sie Kapitel für Kapitel in „Das Schlachtfeld der Gedanken" und beantworten Sie anschließend die zugehörigen Fragen in diesem Arbeitsbuch. Wenden Sie dann die gelernten Prinzipien an – und Sie sind auf dem besten Weg, die Freiheit zu erleben, die Ihnen in Jesus zusteht.

Als Zweier-Set
Buch + Arbeitsbuch
„Das Schlachtfeld der Gedanken"
Sparen Sie EUR 3,–
Buch, 288 Seiten, Paperback,
Arbeitsbuch, 160 Seiten, Paperback,
EUR 23,– [D], 23,90 [A], CHF 32.30
Art.-Nr. 446700200

Als Dreier-Set
Buch, Arbeitsbuch + DVD
„Das Schlachtfeld der Gedanken"
Sparen Sie EUR 5,–
Buch, 288 Seiten, Paperback,
Arbeitsbuch, 160 Seiten, Paperback
DVD, ca. 70 Minuten,
EUR 31,– [D], 31,90 [A], CHF 43.50
Art.-Nr. 446700741

Rubrik: Gott begegnen

Gott vertrauen – Tag für Tag
365 Andachten
544 Seiten, Hardcover,
EUR 19,50 [D], 19,80 [A] und CHF 27.50
ISBN 978-3-939627-38-8
auch als **eBook** erhältlich
Heutzutage setzen viele Menschen ihr Vertrauen auf ihre Lebensumstände, ihren Erfolg, ihre Talente oder die Meinung anderer. Aber Gott bittet uns, ihm unser ganzes Vertrauen zu schenken und das umzusetzen, was in seinem Wort steht. Ein derartiger Lebensstil entwickelt sich allerdings nicht von selbst – wir müssen aktiv darauf hinarbeiten. Wie das gelingen kann, erklärt Joyce Meyer in diesem Andachtsbuch!

Sag ihnen, dass ich sie liebe
Erkenne Gottes Liebe für dich
64 Seiten, Paperback,
EUR 5,– [D], 5,20 [A], CHF 7.–
ISBN 978-3-931484-54-5
Jedes Quäntchen von Gottes Kraft und Liebe ist verfügbar für Sie – heute! Und Sie sind nicht nur eine Person von vielen. Gott liebt Sie, als wären Sie der einzige Mensch auf dieser Erde. Dieses Buch soll Ihnen helfen, Gottes Liebe in Ihnen zu erkennen und sich von ihr verändern zu lassen.

Schreiben Sie uns!

Was hat Ihnen dieses Buch konkret gebracht? Haben Sie Anregungen? Möchten Sie Joyce Meyer Ministries etwas mitteilen? Dann schreiben Sie uns.

Joyce Meyer Ministries
Postfach 76 10 01
D-22060 Hamburg

Zuschauer- und Bestellservice: 040/88 88 4 11 11

Weitere Bücher und DVDs unter www.joyce-meyer.de/shop